J. P. Bäcker

Konziliumspredigten oder Unterweisungen über das Lehramt und die Konzilien der Kirche

mit Rücksicht auf das vatikanische allgemeine Konzil

J. P. Bäcker

Konziliumspredigten oder Unterweisungen über das Lehramt und die Konzilien der Kirche
mit Rücksicht auf das vatikanische allgemeine Konzil

ISBN/EAN: 9783743671447

Hergestellt in Europa, USA, Kanada, Australien, Japan

Cover: Foto ©Lupo / pixelio.de

Weitere Bücher finden Sie auf **www.hansebooks.com**

Conciliumspredigten

oder

Unterweisungen

über

das Lehramt und die Concilien der Kirche

mit Rücksicht auf

das Vaticanische allgemeine Concil

von

Dr. J. P. Bäcker,

Priester der Diöcese Limburg.

Das Honorar für Ausschmückung eines Muttergottes-Altares.

———————

Mainz,

Verlag von Franz Kirchheim.

1 8 7 0.

Mainz, Druck von Florian Kupferberg.

Vorwort.

Die nachfolgenden acht Predigten wurden gehalten, um eine kleine katholische Gemeinde über das Lehramt der Kirche und die Concilien zu unterrichten und die maßlosen Schmähungen schlechter Blätter über das allgemeine Concil zu widerlegen. Da auch für andere Orte sich dasselbe Bedürfniß geltend machen wird und manchem in der Seelsorge angestellten, und vielfach beschäftigten Geistlichen der mühsam gesammelte Predigtstoff zur neuen Verarbeitung willkommen sein möchte; so treten sie in dem schlichten Gewande, worin sie gehalten wurden, in die Oeffentlichkeit. Die Predigten wollen, wenn sie auch den Schmähungen der Gegner gegenüber, einige ernste Worte gebrauchen, nur belehren, nicht erbittern. Ich habe mich in Behandlung eines so ernsten und hochwichtigen Themas ernstlich bemüht, an den Dogmen der Kirche festzuhalten und nehme jeden auch kleinen unfreiwilligen Verstoß gegen eine gegebene oder noch zu gebende Entscheidung der Kirche hiermit feierlichst zurück. Der behandelte Gegenstand ist einer der wichtigsten, weil er die Grundlage des ganzen katholischen Lehrgebäudes bespricht, bietet einen so reichhaltigen Stoff wie kein zweiter und ist heute um so nothwendiger, da bei vielen gelehrten und nicht gelehrten Katholiken in der Theorie und in der Praxis der Begriff einer lehrenden Kirche und der ihr im Glauben schuldigen Unterwürfigkeit geschwunden ist und sie sich selbst an die Stelle der vom heiligen Geiste und Christus geleiteten Kirche setzen, ja sich weit über sie erheben. Wie wird da zu helfen sein? Möglichst populär gehaltener Unterricht über die Kirche, ihre Unfehlbarkeit, die Concilien und ihr Ansehen, nach Umständen auch über die Kennzeichen der Kirche für das christliche Volk und eifriges stetes Gebet aller Guten für die lauen und besonders für die verirrten Brüder ist ein dringendes Bedürfniß. Von dem reichen sich bietenden Stoffe das Beste auszuwählen, war mein redliches Streben. Mögen Andere, die mehr Zeit und Hilfsmittel haben, als mir zu Gebote standen, in Liebe die den Predigten anklebenden Mängel verbessern. Die Vertheilung des Stoffes gibt das Inhaltsverzeichniß an. Eine andere Eintheilung kann sie, wo sie zu lang sind, leicht kürzer machen.

Die Unfehlbarkeit des Papstes habe ich in katholischem Sinne besprochen. Dafür können außer den wenigen von mir angeführten Väterstellen eine Menge alter und neuer Handbücher der Theologie, die darüber erschienenen Werke von Bischöfen im In- und Auslande, die Väterstellen bei P. Weninger, die bei Dr. Bickel, die Hirtenbriefe von den Cardinälen v. Geissel und v. Diepenbrock aus dem Jahre 1845, was die Definition von Florenz anlangt, Möhlers Symbolik sechste Auflage S. 391 und manche durch den letzten Kampf hervorgerufene Schrift, besonders von den Professoren Hergenröther, Scheeben und Stöckl die nöthige Bürgschaft leisten. Ist mitunter ein weniger zuverlässiges Zeugniß angeführt worden, so bleibt nach Abzug derselben noch eine Menge anderer unzweifelhafter übrig, aus denen sich der Sinn und die Meinung der Kirche ergibt. An diesem allgemeinen Sinne der Kirche sollten Alle in Ruhe festhalten und die Entscheidung des Concils abwarten. Nie hat ein ächt katholisches Gemüth gegen den allgemeinen Sinn der Kirche, wenn die Kirche sich auch nicht feierlich darüber ausgesprochen hatte, gehadert. Nie wird der Hader gegen den apostolischen Stuhl und das Concil unserer armen zerrissenen deutschen Kirche Nutzen bringen, sondern allein die innige Liebe und treue Anhänglichkeit zum Oberhaupte der Kirche, zum Mittelpunkte der Einheit, zum allgemeinen Hirten der Heerde Christi und zum Felsen, worauf Christus seine Kirche gebaut hat. Möge diese Liebe, diese Treue, diese Unterwürfigkeit gegen die Entscheidungen der Kirche und des apostolischen Stuhles, wie sie unser großer heiliger Apostel Bonifacius, wie sie ein Fenelon und alle Heiligen und wahren Katholiken stets bewiesen haben, durch alle späteren Jahrhunderte das Erbtheil unserer katholischen Kirche in Deutschland sein und sie wird wie der Felsen Petri nie wanken und aus sämmtlichen Beschlüssen der allgemeinen Kirchenversammlung in Glauben und Sitten, die heute noch immer Beschlüsse Christi und des heiligen Geistes sind, den reichsten Nutzen ziehen. Dazu gebe Gott allen Katholiken Deutschlands, besonders den Verirrten, durch seine Barmherzigkeit seine Gnade und seinen Segen!

Molsberg, am Feste des heiligen Papstes und Kirchenlehrers Leo's des Großen 1870.

Der Verfasser.

Inhaltsverzeichniß.

I.

Und er selbst (Christus) hat Einige zu Aposteln, Einige zu Propheten,
Einige zu Evangelisten, Einige aber zu Hirten und Lehrern verordnet, für die Vervollkommnung der Heiligen, für die Ausübung
des Dienstes, für die Erbauung des Leibes Jesu Christi. Ephesier
4, 11 — 12. B.

Ein großes, seit mehr als einem Jahre bereits feierlich
der ganzen Welt angekündigtes, nahe bevorstehendes Ereigniß
setzt seit längerer Zeit alle Geister in Bewegung. Während
die treuen Kinder der katholischen Kirche und auch viele fromme
Seelen außer ihrem Schooße, welche nach den Lehren des
Heils ein heiliges Verlangen tragen, von diesem seit dreihundert Jahren nicht vorgekommenen Ereignisse sich die heilsamsten Früchte für Jahrhunderte versprechen und ihm mit
Hoffnung und Vertrauen entgegen sehen; geräth die ungläubige
Welt, wo sie sich immer findet, innerhalb und außerhalb der
katholischen Kirche, im Heiligthume der Kirche selbst und außer
demselben, an dem Ministertische oder in der untersten Reihe
der mit Staatsämtern beglückten Seelen, das ganze Heer der
schlechten Zeitungsschreiber von den Judenblättern in großen
Städten an bis zum Redakteur des letzten Schmutzblattes im
stillen Landstädtchen, ob diesem bevorstehenden Ereignisse in
fieberhafte Aufregung. Man sollte meinen die verschiedenen
Erdbeben der neuesten Zeit hätte ein noch weit größeres
Schwanken der Geister hervorgerufen. Wohin sind aller Augen
gerichtet? Wo soll dieses ungewöhnliche, mit so vieler Spannung
erwartete Ereigniß vor sich gehen? Alle sehen nach Rom, dem

großen Mittelpunkt katholischer Einheit, auf jene Stadt, über die in allen schlechten Zeitungen so viel geschimpft wird, die man bei jeder Gelegenheit mit dem giftigsten Geifer der Hölle übergießt. Und was soll in Rom geschehen? Steht Hannibal vor seinen Thoren? Sind die alten siegreichen Legionen der alten Römer, an ihrer Spitze die berühmten Feldherren der Scipionen, ein Pompejus, Julius Cäsar, Drusus, Trajan, wieder von den Todten auferstanden und werden nächstens in Frankreich, England, Spanien, in der Türkei einbrechen, in aller nächster Zukunft in Wien und namentlich in München siegreich einziehen, um das alte Römerreich in seinem ganzen Umfange herzustellen, weil man so ängstlich und besorgt nach Rom blickt und selbst Minister Tag und Nacht keine Ruhe zu haben scheinen? Nichts von dem. Was geschieht aber in Rom Merkwürdiges, Unerhörtes, das die Welt mit Staunen und übergroßer Erwartung erfüllt? Unser glorreich regierender heiliger Vater hat schon im vorigen Jahre für den 8. Dezember dieses Jahres, das Fest der unbefleckten Empfängniß der Himmelskönigin Maria, eine allgemeine Kirchenversammlung, unter den allgemeinen die neunzehnte oder zwanzigste, nach Rom ausgeschrieben, um mit den Bischöfen aller Länder und Völker gewisse verderbliche Irrthümer zu verdammen und die Maßregeln zu berathen, welche dem immer mehr heidnisch sich gebärdenden Staate gegenüber für die Reinhaltung der Lehre Christi, für die christliche Ehe und christliche Erziehung des Volkes und der Geistlichen und bei andern christlichen Einrichtungen zu ergreifen sind. Aus allen fünf Welttheilen ist bereits eine große Anzahl Bischöfe zum Concil nach Rom geeilt oder Viele sind noch auf der Reise dahin begriffen. Auch unser deutsches Vaterland hat eine nicht unbeträchtliche Zahl seiner Oberhirten nach Rom gesandt, welche durch ihre Frömmigkeit, ihren apostolischen Eifer, treue Anhänglichkeit an die Kirche, den reichen Schatz ihrer Wissenschaft gewiß eine hervorragende Stelle in dieser so ehrwürdigen Versammlung einnehmen werden. Diese so friedliche Versammlung von Hirten der ganzen Kirche, die nur ihren Hirtenstab tragen, die nur ge=

ſchmückt ſind durch Wiſſen, reiche Verdienſte und hohe Tugend,
die über keine irdiſche Macht gebieten, an ihrer Spitze einen
Anführer von mehr als 77 Jahren, ſetzt die Welt in Unruhe,
läßt viel Tauſende, ſelbſt königliche Miniſter, nicht ſchlafen,
ſetzt viele tauſend ſchlechte Federn in Bewegung, verbreitet
Angſt und Beſtürzung, als ſollten in nächſter Zeit 500,000
Bewaffnete aller Waffengattungen mit dem geübteſten Führer
an der Spitze zur nochmaligen Unterwerfung des Erdkreiſes
unter die weltliche Herrſchaft Roms in alle Länder ausziehen.
Was zeigt uns ein ſolches Gerede, ein ſolches unerhörtes
Treiben in der Welt? Die katholiſche Kirche iſt noch eine
Macht, die in allen Ländern der Welt ein Wort mitzuſprechen
hat, bildet ein geiſtliches auf Wahrheit und Tugend gegründetes
Heer, macht noch nicht ihr Teſtament, hat nach achtzehn=
hundertjährigem Kampfe noch jugendliche Kraft, hat noch
Chriſtus und den heiligen Geiſt zu Führern und Beſchützern.
Was bezweckt die Kirche mit ihrer Macht? Sie will die Sünde
ausrotten, die Tugend pflegen, die Menſchen nach Möglichkeit
zur zeitlichen, dann auch zur ewigen Seligkeit verhelfen. Sie
begehrt nur von der Welt die Mittel, welche zur Erreichung
dieſes Zweckes nothwendig ſind, im Uebrigen iſt das Reich
der Kirche, das Reich Chriſti nicht von dieſer Welt. Wie
thöricht iſt alſo die Furcht vor dem Concile! Was aber will
das Concil? Warum hat der Papſt aus allen Theilen der
Welt Biſchöfe nach Rom berufen? Welche Verordnungen wird
das Concil erlaſſen? Darüber gehen in ſchlechten Zeitungen
und Blättern, an Miniſtertiſchen und auf den Wirthsbänken
ſtiller Bauerndörfer die verſchiedenſten und wunderbarſten
Geſpräche um. Jedes Hirngeſpinſt, welches ein gottloſer,
religionsloſer Kopf ausheckt, wird in Blättern oder Geſprächen
dem Concile zugeſchrieben. In Städten und in Dörfern wird
über das Concil und ſeine Beſchlüſſe Gericht gehalten, ehe
daſſelbe nur einen Beſchluß gefaßt hat. Was thut da noth=
wendiger, als daß ich vom Concile Veranlaſſung nehme, um
die nothwendigſten Lehren über die Kirche, ihr Richteramt in
Glaubensſachen, über das ſichtbare Oberhaupt der Kirche, über

die allgemeinen Kirchenversammlungen, und ihr Ansehen nach der Lehre der katholischen Kirche auseinandersetze? Das soll in mehreren, sich selbst an Festtagen folgenden Predigten geschehen. Heute will ich damit in einer Einleitungspredigt den Anfang machen und reden von der dreifachen Gewalt, welche Christus in seiner Kirche bis zum Ende der Zeiten begründet hat, nämlich vom Lehr-, Priester- und Hirtenamt und deren Nothwendigkeit zum Bestande der Kirche und zum Heile der ihr anvertrauten Seelen. Ich behaupte also: Unser Heiland hat zur Heiligung der Menschen eine sichtbare, allen Menschen erkennbare Kirche mit einem Lehr-, Priester- und Hirten-Amt gegründet. Sehet da den Gegenstand unserer heutigen Unterweisung!

Vortrag.

Als unser Herr und Heiland Jesus Christus, der ewige, für uns Mensch gewordene Sohn Gottes, nach vollbrachtem Werke der Erlösung durch seinen blutigen Tod am Kreuze in den Himmel zurückkehrte; wollte er die von ihm erlöste und belehrte Menschheit nicht sich selbst überlassen, sie nicht von neuem ihre eigenen Wege wandeln lassen, die sie in stets größere Verirrungen und durch dieselben in den tiefsten Abgrund der Laster geführt hatte. Wozu wäre auch der Heiland auf die Welt gekommen, um durch seine himmlische Lehre den verlornen Weg zum Himmel zu zeigen, wenn diese Lehre der menschlichen Willkür preisgegeben durch menschliche Irrthümer wäre verdunkelt, deßhalb unnütz gemacht worden und in wenigen Jahrhunderten ganz zu Grund gegangen wäre? Wozu hätte der Heiland durch seinen blutigen Versöhnungstod die Menschen von ihren Sünden abgewaschen, reiche Gnaden verdient, Gnadenmittel, Canäle zur Erlangung der Verdienste des Kreuzes angeordnet; wenn sich Niemand fände, der den Menschen diese Gnade spendete, der ihnen die Canäle öffnete und die Gnaden in die Herzen der Menschen hineinleitete? Wozu hätte der Heiland drei Jahre durch unzählige Wunder,

durch seine Auferstehung von den Todten, durch seine Weis=
sagungen, durch die Heiligkeit seines Lebens sich als den von
Anbeginn der Welt verheißenen Erlöser, Lehrer und Führer
des Menschengeschlechtes erwiesen; wenn Niemand dieses Lehr=
Amt unter seinem Beistande und seiner Führung fortsetzen und
Alles zum Heile der Menschen Nöthige, wie es Zeit und
Umstände fordern, für alle spätere Jahrhunderte bis zum Ende
der Zeiten anordnen sollte? Das sieht Jeder, auch der Be=
schränkteste an Verstand ein, daß die Erlösung des Menschen=
geschlechtes durch den Versöhnungstod und die heilbringende
Lehre Jesu spurlos verschwunden wäre; wenn die Lehre Jesu
nicht für alle kommenden Geschlechter bis zum Ende der Zeiten
wäre rein erhalten worden, wenn nicht die von Christus ein=
gesetzten Heilsmittel und die daran geknüpften Gnaden den
Menschen aller Zeiten und aller Länder zugeführt würden,
wenn nicht das von Christus begründete Lehramt unter gött=
lichem Beistande jene Verfügungen erließe, die für die gesammte
erlöste Menschheit und jeden Einzelnen nothwendig sind. Was
hat deßhalb der Heiland schon während seines heiligen Lehr=
Amtes und vor seiner Rückkehr in den Himmel zum Heile
der Menschen gethan? Wie hat er für das Heil aller Menschen
und Zeiten gesorgt? Er hat ein geistliches Reich begründet
für alle Länder und alle Zeiten, das fortbestehen soll bis zum
Ende der Zeiten. Dieses Reich Christi soll die Stelle des von der
Erde scheidenden und in den Himmel zurückkehrenden Heilandes
unter den Menschen ersetzen, alle Völker der Erde soll es um=
fassen, und sie zu einer großen Familie Gottes vereinigen, alle
Gnaden und himmlischen Segnungen welche der Heiland vom
Himmel gebracht und durch seinen Tod am Kreuze verdient
hat, sollen in diesem vom Sohne Gottes gestifteten Reiche
niedergelegt und den Menschen aller Orten und Zeiten zu=
gänglich gemacht werden. Dieses wunderbare Reich Christi
ist, wie der Heiland selbst es feierlich ausgesprochen hat, kein
Reich dieser Welt, sondern ein Reich der geoffenbarten und
beseligenden Wahrheit, ein Reich der Tugend, ein Reich des
himmlischen Friedens, wie ihn die Welt nicht geben kann,

ein Reich, welches uns allein den sicheren Weg zum Reiche der ewigen Ruhe und Herrlichkeit bahnen kann. Dieses Reich Christi, weil kein weltliches Reich, kann mit jedem weltlichen Reiche bestehen, ja es ist das belebende Element, die Seele, die einzig sichere Grundlage aller menschlichen und staatlichen Einrichtungen der Menschheit. Es soll dieses Reich nicht reichen bis zu dieser oder jener Landesgrenze, nicht zu jenem Berge, nicht zu jenem Flusse, Meere oder Welttheil, sondern zur äußersten Grenze der Erde. Durch dieses Reich sollen alle Völker der Erde gesegnet werden, wie es Gott dem großen Patriarchen Abraham verheißen hat. Diesem Reiche sollen alle große Reiche des Alterthums weichen, wie es bei dem Propheten Daniel geschrieben steht. In den Tagen jener Reiche, verkündet der Prophet von dem Reiche Christi, wird der Gott des Himmels ein Reich erwecken, das in Ewigkeit nicht wird zerstört werden; sein Reich wird keinem Andern gegeben werden und es wird zermalmen und vernichten alle diese Reiche, es selbst aber wird bestehen ewiglich. Ist also das Reich Christi ein geistliches Reich und als solches verkündet im alten Bunde, erwartet zum Segen aller Völker im neuen Bunde; so muß es seine Unterthanen, seine Gesetze, seine Vorgesetzten, seine Hilfsmittel zur Erreichung seines Zweckes und seiner Stiftung haben. Die Unterthanen sind alle Völker, lehret alle Völker, verkündet das Evangelium allen Geschöpfen. Die Gesetze der Kirche bildet das gesammte unveränderte Evangelium, wie es aus dem Munde Christi geflossen ist. Die Vorgesetzten und Lenker der Kirche sind die von Christus bestellten Hirten, die Apostel und ihre Nachfolger mit dem sichtbaren Oberhaupte an der Spitze. Die Hilfsmittel der Kirche zur Erreichung ihres himmlischen Zweckes bilden die von Christus eingesetzten und in seinem Reiche hinterlassenen Gnadenmittel. Dreifach ist folglich das Amt, welches Christus in seiner Kirche gegründet hat. Erstens das Amt zu lehren, zweitens das Amt die Heilsmittel zu spenden oder das Priesteramt, drittens das Amt, die gesammte Heerde Christi zu leiten oder das Hirtenamt. Von diesen drei verschiedenen Aemtern der Kirche, dem Lehr=, Priester= und Hirtenamte will ich heute in möglichster Kürze noch Einiges sagen.

Ein dreifaches Amt hat Christus in seiner Kirche gegründet und zwar zuerst ein Lehramt. Denn die Lehre Jesu sollte nicht bloß kurze Zeit, so lange der Heiland und die Apostel lebten, sondern fort bis zum Ende der Zeiten so verkündigt werden, wie Christus dieselbe vom Himmel gebracht hatte. Deßhalb hat der Heiland seinen Aposteln befohlen: Gehet hin in die ganze Welt und predigt das Evangelium allen Geschöpfen! Wer da glaubt und sich taufen läßt, der wird selig werden; wer aber nicht glaubt, der wird verdammt werden. Und bei dem heiligen Matthias lesen wir: „Mir ist gegeben alle Gewalt im Himmel und auf Erden. Darum gehet hin und lehret alle Völker und taufet sie im Namen des Vaters und des Sohnes und des heiligen Geistes und lehret sie Alles halten, was ich euch befohlen habe und siehe ich bin bei euch alle Tage bis an das Ende der Welt." Und damit Niemand diese schlichten galiläischen Prediger verachte, hatte der Heiland schon früher gesprochen: Wer euch höret, der höret mich, wer euch verachtet, der verachtet mich und wer mich verachtet, der verachtet den, der mich gesandt hat. Und wiederum: Wer die Kirche nicht hört, der sei euch wie ein Heide und öffentlicher Sünder! Damit wir mit vollem Vertrauen die Lehren der Apostel und ihrer Nachfolger als die reine Lehre des Heilandes aufnehmen können, stellt er die lehrende Kirche unter seine besondere Obhut, verspricht er bei ihr zu bleiben alle Tage bis zum Ende der Welt. Damit sich die Lehre der Apostel, welche nur die Lehre Christi war, desto zuverlässiger Eingang in die Herzen der Menschen verschaffte, bestätigt sie der Heiland durch großartige und auffallende Wunder, wie bei dem heiligen Marcus, Kapitel 16 zu lesen ist; verspricht den Aposteln und ihren Nachfolgern den heiligen Geist, der sie in alle Wahrheit leiten, sie an Alles erinnern soll, was unser göttlicher Heiland gelehret hat. Dieses von Christus eingesetzte und mit so hohen Vorzügen begabte Lehramt sollte fortbestehen bis zum Ende der Welt, wie die Worte Jesu mehrfach bezeugen. Und was sollte dieses in der Kirche eingesetzte Lehramt lehren? Alles, was Christus den Aposteln zu lehren befohlen hatte und was diese im Auftrage und unter dem Beistande Christi verkündigt haben. Den Lehren Christi sollte nichts zugesetzt werden, denn Alles zum ewigen Heile Nothwendige hat Christus gelehrt, nichts darf weggelassen werden, weil Christus nichts Ueberflüssiges gelehrt hat, keine Lehre darf anders ausgelegt werden, damit nicht ungewisse und unsichere menschliche Meinungen statt der wahren Lehre Jesu Christi den Menschen aufgedrungen werden. Das Lehramt der katholischen Kirche weiset jede Neuerung im Glauben zurück, die mit der von Christus und den Aposteln gemachten Hinterlage des wahren Glaubens streitet. Es hält fest an den Lehren, die zu allen Zeiten, an allen Orten und von allen Lehrern der Kirche sind festgehalten worden und betrachtet dieses als Lehre Christi und der Apostel nach der bekannten Glaubensregel des heiligen Augustin: Was von der ganzen Kirche festgehalten wird und auf Concilien nicht ist eingeführt werden, das muß als von den Aposteln abstammend angesehen werden. Jede von der Kirche festgehaltene Lehre kann durch die Zeugnisse der heiligen Schrift, oder der mündlichen Ueberlieferung auf die Apostel und durch sie auf Christus zurückgeführt werden. Wie steht es dagegen um jede Neuerung? Von jeder neuen Lehre kann man drei Stücke nachweisen: Den Ort, wo sie zuerst auftauchte, die Person, welche sie erfand, endlich die Zeit, in der sie zum ersten Male gegen die alte ursprüngliche Lehre der Kirche sich geltend gemacht hat. Die zahlreichsten Irrthümer sind auf diese Weise gegen alle Lehren des Christenthums aufgetaucht, kaum war eine Irrlehre überwunden, so entstand eine andere. Keine einzige Lehre des Christenthums stünde mehr fest, wenn die Kirche diesen menschlichen Meinungen gefolgt wäre. Was hat die Kirche deßhalb gethan? Sie hat ihre irregeleiteten Kinder zuerst belehrt und wieder zu gewinnen gesucht. Waren sie aber hartnäckig im Irrthume, so hat sie die Kirche aus ihrem Schooße und ihrer Gemeinschaft ausgeschlossen. So hat die Kirche lieber ganze Länder, halbe Welttheile aus ihrer Gemeinschaft scheiden lassen, als daß sie die geringste Aenderung in der Lehre Christi zugegeben hätte. Sehet da, wie wichtig und wie nothwendig dieses Lehramt ist, welches Christus in seiner Kirche zurückgelassen hat, ohne es wäre die Lehre Christi der Spielball aller menschlichen Irrthümer gleich jeder menschlichen Meinung. Welche wichtige Vorzüge Christus mit diesem Lehramte verbunden hat, um seine Lehre für alle Zeiten sicher zu stellen, wird uns der Verlauf des Unterrichts zeigen.

Das zweite Amt, welches Christus in seiner Kirche für ewige Zeiten gegründet hat, ist das Priesteramt. Wäre wohl dem schwachen, gebrechlichen Menschen hinreichend geholfen, wenn ihm durch die Lehre Jesu der sichere Weg zum Himmel gezeigt würde? Was würde die Kenntniß des steilen Weges zum Himmel nützen, wenn uns aus allzu großer Schwäche die Kraft fehlte, diesen Weg zu wandeln? Wo aber finden wir diese uns so nothwendige Kraft? Nirgends anders als in den Heilsmitteln, die Christus in seiner Kirche eingesetzt hat und wodurch er uns die am Kreuze verdienten Gnaden zuführt. Wer aber soll diese Heilsmittel den Menschen spenden? Dazu gehört eine besondere Gewalt und besondere Gnaden und beide hat der Heiland im Priesteramte seiner Kirche vereinigt. Worin besteht die Gewalt und Befugniß des Priesteramtes? Seine höchste Zierde und Gewalt besteht in der Darbringung des unblutigen Opfers des neuen Bundes, die Christus beim letzten Abendmahle seinen Jüngern mit den Worten übertragen hat: Thuet dies zu meinem Andenken! So oft demnach ein rechtmäßig geweihter Priester dem Befehle Jesu gemäß die Worte der Wandlung: Das ist mein Leib, das ist mein Blut, über Brod und Wein ausspricht, wird Brod und Wein in den Leib und das Blut Jesu Christi durch die göttliche Allmacht verwandelt, die Früchte des blutigen Versöhnungstodes fließen uns zu und unsere Seelen werden mit dem göttlichen Fleische und Blute genährt zum ewigen Leben. Vermöge des Priesteramtes haben die Bischöfe und Priester die Gewalt Sünden zu vergeben und Sünden zu behalten. Denn zu ihnen hat der Heiland in der Person der

Apostel gesprochen: Wie mich der Vater gesandt hat, so sende ich euch. Nehmet hin den heiligen Geist, welchen ihr die Sünden erlasset, denen sind sie erlassen, und denen ihr sie behaltet, denen sind sie behalten. Und schon früher hatte er zu ihnen gesprochen: Was ihr binden werdet auf Erden, das wird im Himmel gebunden sein, und was ihr lösen werdet auf Erden, das wird im Himmel gelöset sein. O welch' tröstliche Gewalt für den armen sündigen Menschen! Wenn also die Priester den Sündern nach einem reumüthigen Bekenntnisse ihrer Sünden die Worte zurufen: Deine Sünden sind dir vergeben, so können sie diese Worte mit so festem Vertrauen aufnehmen, als gingen sie ihnen aus dem Munde Jesu zu. Zum Priesteramte gehört die Ausspendung der übrigen Sakramente, von denen zwei, die Firmung und Priesterweihe nur durch die Bischöfe als Nachfolger der Apostel ertheilt werden können. Das Priesteramt ist eben so wesentlich zur Erhaltung der wahren Kirche Christi, als das von ihm gegründete Lehramt. Nehmet das Priesteramt aus der Kirche weg und mit ihm schwinden auch alle in der Kirche zurückgelassenen Gnadenmittel. Wer aber vermag den göttlichen Geboten zu entsprechen ohne Gnade, wer aber die nöthigen Gnaden zu finden ohne den Gebrauch der von Christus eingesetzten Gnadenmittel? Wo immer also das wahre Priesterthum nicht ist oder eine Unterbrechung leidet, da kann die wahre Kirche Christi nicht sein. Daher ist es mit Recht stets als ein sicheres Kennzeichen der wahren Kirche Christi betrachtet worden, daß das von Christus eingesetzte Priesterthum, namentlich die bischöfliche Würde, von den Zeiten der Apostel bis auf uns in ununterbrochener Reihenfolge fortbestanden hat. So viel hier vom Priesteramte.

Das dritte von Christus in seiner Kirche eingesetzte Amt ist das Hirtenamt. Und auch dieses Amt ist zum Bestande der Kirche wesentlich nothwendig, ja es ist unter allen drei Aemtern der Kirche unstreitig das wichtigste. Wie hat der Heiland für Bestellung des christlichen Hirtenpersonals gesorgt? Er hat zuerst die zwölf Apostel als zukünftige Hirten seiner

Kirche, dann zwei und siebenzig Jünger ausgewählt, hat ihnen
die nöthige Gewalt und Gnade am letzten Abendmahle und
zu andern Zeiten ertheilt, hat sie mit der Fülle des heiligen
Geistes am Pfingstfeste ausgerüstet, ihnen Petrus als Oberhaupt der ganzen Kirche vorgesetzt, so daß ein Haupt die
ganze Kirche leiten, Bischöfe in den verschiedenen Theilen der
Welt einem Theile der Heerde Christi unter Oberleitung des
Hauptes vorstehen, die Priester als Gehilfen den Bischöfen
untergeordnet, die Gläubigen diesen ihren geistlichen Führern
unterthan und gehorsam sein sollen. Als Hirten haben die
Vorsteher der Kirche innerhalb der ihnen von Christus vorgeschriebenen Grenzen Gesetze zu erlassen und die Gläubigen
sind ihnen Gehorsam schuldig. Gesetze für die gesammte Kirche
erläßt das sichtbare Oberhaupt derselben, Gesetze für sein
Bisthum jeder Bischof, Gesetze für seine Heerde der Priester.
Jeder Untergebene, wozu auch die untergebenen Hirten gehören,
ist an die Gesetze seiner rechtmäßigen Vorgesetzten gebunden.
Wie aber, wenn diese Gesetze nicht gehalten werden? Alsdann
müssen die Hirten der Kirche die Widerspänstigen strafen, sie
nöthigen Falles aus der Kirche ausschließen. Den Bischöfen
als Hirten der Kirche muß es namentlich freistehen, die Anordnungen zu treffen, die zur Erhaltung und gedeihlichen Verwaltung des Lehr- und Priesteramtes nothwendig sind. Es
muß namentlich den Bischöfen gestattet sein, ihre Geistlichen
zu bilden, die zu ihrer Bildung nothwendigen Anstalten zu
errichten, ihnen solche Lehrer anzuweisen, welche fromme und
unterrichtete Geistliche zu bilden im Stande sind, es muß den
Bischöfen freigestellt bleiben, jeden Geistlichen in den Wirkungs-
kreis zu berufen, welchem er nach seinen Kenntnissen und
Fähigkeiten mit Segen vorstehen kann. Dem Hirtenamte der
Kirche muß der nöthige Einfluß auf die Schule und alle
Bildungsanstalten gesichert werden, damit die christliche Jugend
in der Frömmigkeit und der Furcht des Herrn erzogen werde.
Sehet da, welche wichtige Pflichten dem Hirtenamte der Kirche
aufgelegt sind. Ginge das Hirtenamt der Kirche zu Grund
oder der nöthige Einfluß auf die Kirche würde allzusehr be-

schränkt, so muß die Kirche nothwendig und in ganz kurzer Zeit zu Grunde gehen. Wird die Gewalt des Re= genten, die des Heerführers allzu sehr beschränkt, so führt diese Verkürzung der Regentengewalt oder des Ansehens im Heere nothwendig zur Auflösung des Staates und aller militärischen Zucht. Das vorläufig vom Hirtenamte, auf welches wir im Laufe dieses Unterrichts noch öfter zurück= kommen werden.

Fragt ihr mich, welches dieser drei Aemter das wesent= lichste für den Bestand der Kirche sei, ob das Lehr=, Priester= oder Hirtenamt der Kirche; so antworte ich euch: Alle drei sind gleich wesentlich. Das Lehramt zeigt uns durch unfehlbar vorgetragene Lehre Christi den richtigen und sichern Weg zum Himmel, ohne das Lehramt der Kirche herrscht Zweifel und Unsicherheit; das Priesteramt bietet uns allein die nöthigen Gnadenmittel und verleiht uns so die nöthige Kraft diesen Weg zu wandeln; das Hirtenamt bietet uns die nöthigen lebendigen Leiter und Führer, bewahrt uns vor Abwegen und eifert uns an zu allem Guten. Alle drei Aemter hat deßhalb auch der Heiland in der Person der Hirten der Kirche nach Maßgabe ihrer Stellung auf das innigste mit einander verbunden und seine Gewalt auf dieselbe übertragen.

Hier wollen wir unsere heutige Betrachtung schließen, indem wir den festen Entschluß fassen, festzuhalten an dem dreifachen von Christus selbst gelegten Fundamente der Kirche, dem Lehr=, Priester= und Hirtenamte. Auf diesem Fundamente wollen wir in der nächsten Unterweisung weiter bauen. In= dessen wollen wir alle Lehren des katholischen Lehramtes treu befolgen, alle Heilsmittel des Priesteramtes gewissenhaft ge= brauchen, den Anordnungen des Hirtenamtes uns willig und mit kindlichem Sinne unterwerfen. Dahin, wohin jetzt aller Augen der Welt gerichtet sind, nach Rom und auf die daselbst versammelten Bischöfe und Hirten der Kirche, wollen auch wir mit festem Vertrauen unsere Blicke wenden und von den Entscheidungen, die nicht ohne Leitung des heiligen Geistes gefaßt werden, uns alles Heil und allen Segen versprechen. Besonders wollen wir mit Eifer beten um die nöthige Er= leuchtung für den heiligen Vater, für alle versammelten Bischöfe und Hirten der Kirche, für alle Priester und Gläubigen, damit der Herr seine Kirche leite, schütze, regiere, ihr alle zu treffenden Anordnungen zum Heile und Segen gereichen lasse. Amen.

II.

Der Tröster aber, der heilige Geist, den der Vater in meinem Namen
senden wird, derselbe wird euch Alles lehren und euch an Alles
erinnern, was immer ich euch gesagt habe. Joh. 14, 26.

Bereits habe ich in meiner letzten Predigt die Grundlage
zu dem weiteren Unterrichte über die Kirche und ihre Ent=
scheidungen in Glaubenssachen gelegt. Welches ist kurz gefaßt
diese bereits gelegte Grundlage zum Weiterbau im vorliegenden
wichtigen Gegenstand? Wir haben gesehen, daß Christus bei
seinem Scheiden von dieser Welt ein geistiges Reich für alle
Völker und Zeiten errichtet, seine Gewalt diesem Reiche, seiner
mit seinem Blute erkauften Kirche übertragen, namentlich ein
Lehr=, Priester= und Hirtenamt in ihr errichtet hat. Es tritt
nun eine weitere überaus wichtige und folgenreiche Frage an
uns heran. Hat nämlich der Heiland sein Reich, seine un=
befleckte Braut, die Kirche und das dreifache in ihr errichtete
und zu ihrem Bestande wesentlich nothwendige Amt, wie ein
thörichter Baumeister auf den beweglichen unsichern Sand
menschlicher Meinungen gebaut, so daß der erste die Welt
durchsausende Sturm, der erste Platzregen das ganze Gebäude
unter großem Gekrache zusammenwerfen sollte oder hat er es
als die ewige Weisheit auf einen festen Felsen gegründet, so
daß alle Stürme der Zeiten, alle Wassergüsse menschlicher
Meinungen nichts gegen sein Reich, gegen seine heilige Kirche,
vermögen? Der Heiland selbst hat diese wichtige Frage, noch
ehe die Kirche fest begründet und durch die Ausgießung des
heiligen Geistes vollendet wurde, in eigener Person entschieden

und sie nicht dem trügerischen Urtheile der durch Sünde und Leidenschaften geblendeten Menschen zur Beantwortung über- wiesen. Zum heiligen Petrus hat der Heiland gesprochen: Du bist Petrus und auf diesen Felsen will ich meine Kirche bauen und die Pforten der Hölle werden sie nicht überwältigen. Aus diesem Ausspruche der ewigen Wahrheit, Weisheit und Allmacht geht hervor, daß der Heiland seine Kirche auf den Felsen Petri und seiner Nachfolger so fest begründet hat, daß die ganze Macht der Hölle mit allen erdenklichen Kämpfen nichts gegen sie vermögen werden. Wie hat der Heiland seiner heiligen Braut diese unüberwindliche Festigkeit ertheilt? Er hat die drei in seiner Kirche errichteten Aemter nicht der menschlichen Willkür, nicht den Wechseln menschlicher Weisheit preisgegeben, sondern ein untrügliches vom heiligen Geiste ge- leitetes Lehr-, Priester- und Hirtenamt errichtet und ihm die dreifache Pflicht der Erhaltung der reinen Lehre Christi, seiner Heilsmittel, der richtigen Leitung der Menschen auf dem Wege zum Himmel übertragen. Nur durch dieses unfehlbare, drei- fache Amt, wird die uns in Christus gewordene göttliche Offenbarung für alle Zeiten untrüglich rein erhalten und das Heil aller Gläubigen bis zum Ende der Zeiten gesichert. Nichts ist wichtiger und nothwendiger für das richtige Verständniß der göttlichen Offenbarung, als die Unfehlbarkeit der gesammten Kirche Christi. Aber worauf gründet sich diese Unfehlbarkeit der Kirche? Warum halten alle wahren Kinder der Kirche so streng an ihr fest? Eine wichtige Frage ist diese, wir wollen sie heute zum Gegenstande unserer zweiten Betrachtung wählen. Weil aber die Wahrheit desto schöner leuchtet, wenn sie dem Irrthum wie Licht und Finsterniß gegenüber gestellt wird, so wollen wir der obigen Wahrheit noch eine zweite beifügen, nämlich den durch alle Jahrhunderte des Christenthums und durch alle Irrlehren bestätigten Satz, daß ohne untrügliches Lehr- amt weder für die Erhaltung, noch für das richtige Verständniß der göttlichen Offenbarung hinreichend gesorgt ist. Sehet da den Gegenstand unserer heutigen Betrachtung! Der Heiland hat in seiner Kirche ein unfehlbares, vom heiligen Geiste geleitetes Lehramt gegründet, erster Theil; ohne dieses unfehlbare Lehramt kann die göttliche Offenbarung weder erhalten noch verstanden werden, zweiter Theil.

Erster Theil.

Der Heiland hat in seiner Kirche, dem großen, alle Völker umfassenden geistigen Reiche, dem er seine Lehre, seine Heils= mittel, seine Gewalt übertrug, ein unfehlbares Lehramt, zur Erhaltung und Fortpflanzung der göttlichen Offenbarung bis zum Ende der Zeiten gegründet oder mit andern Worten: Die gesammte Kirche Christi ist unfehlbar in allen Lehren und feierlichen Aussprüchen, welche die Glaubens= und Sitten= lehren berühren. Wie alt ist ein solcher Glaube? Er ist so alt als das Christenthum selbst, er ist aus dem Munde der ewigen Wahrheit und Weisheit geflossen. „Du bist Petrus," hat der Heiland zum Apostelfürsten Petrus und seinen Nach= folgern gesprochen, „und auf diesen Felsen will ich meine Kirche bauen und die Pforten der Hölle sollen sie nicht überwältigen." Sollen die Mächte der Hölle über die Kirche nicht siegen, so muß die Kirche in der Lehre und den Einrichtungen Christi unfehlbar sein. Wie kann der Heiland es zugeben, daß die Kirche von den finstern Mächten betrogen den Irrthum und die Lüge als Wahrheit und das Laster für Tugend ausgebe und Glauben finde? Wie dürfte die Wahrheit mit dem Irr= thume so untermischt werden, daß man die reine Lehre Christi vom Irrthume nicht zu unterscheiden vermöchte? Welcher Sieg der Hölle könnte größer und für das ganze Menschen= geschlecht verderblicher sein, als der Sieg des Irrthums über die Wahrheit, des Lasters über die Tugend? Damit dies in keinem der folgenden Jahrhunderte bis zum Ende der Zeiten geschehen könne, hat der Heiland für Petrus und seine Nach= folger gebetet, damit sein und ihr Glaube nicht abnehme und sie ihre Brüder im Glauben zu stärken vermöchten. Wie schön ist dieses Gebet in allen Jahrhunderten in Erfüllung ge= gangen! Wohl hat der Stuhl Petri alle entstandenen Irr= lehren verdammt, weßhalb er von allen Irrlehren tödtlich gehaßt wird, vom Stuhle Petri ist aber noch keine Irrlehre ausgegangen. Wir glauben weiter an eine Unfehlbarkeit der Kirche, weil Christus verheißen hat bei ihr zu bleiben bis zum Ende der Zeiten. Wie könnte aber Christus durch seinen all= mächtigen Beistand seine Kirche stützen, wenn seine Lehre und Heilsmittel ihr entrissen würden, die Kirche im Meere mensch= licher Meinungen zu Grunde ginge? Da aber das Wort des Herrn ewig dauert, Himmel und Erde vergehen, das Wort des Herrn aber nicht vergeht; so hat der Heiland nach seinem untrüglichen Worte die Kirche stets geleitet, und leitet noch jetzt das sichtbare Oberhaupt, die Bischöfe und Priester der Kirche in seiner Lehre, in Ausspendung der Sakramente, in Flucht der Sünde, in Ausübung der Tugend. Der Heiland hat seiner Kirche den heiligen Geist versprochen, damit er sie in alle Wahrheit leite. „Wenn aber jener Geist der Wahrheit kommen wird, so wird er euch alle Wahrheit lehren." „Ich werde," spricht der Heiland anderwärts, „den Vater bitten und er wird euch einen andern Tröster geben, den Geist der Wahrheit, damit er bei euch bleibe in Ewigkeit." Und dieser heilige Geist ist als Tröster und Lehrer über die Apostel und ihre Nachfolger gekommen, die Kirche kann also in ihrer Ge= sammtheit im Glauben und in den Sitten nicht fehlen. Was die gesammte Kirche lehrt, das ist Lehre Christi, Lehre des heiligen Geistes, darin kann sie nicht irren, ohne daß der Irrthum auf Christus und den heiligen Geist zurückfällt, die Kirche ist viel= mehr eine Säule und Grundfeste der Wahrheit, die heute wie in den Zeiten der Apostel unter der Leitung Christi und des heiligen Geistes steht. Was kann uns beruhigender sein bei den Entscheidungen des gegenwärtigen allgemeinen Concils, als der feste Glaube, daß auch heute noch die Kirche vom heiligen Geiste geleitet werde?

Die gesammte Kirche ist unfehlbar in allen Lehren und feierlichen Beschlüssen, die den Glauben und die Sitten be= treffen. Wie soll ich euch dieses beweisen? Es ist dieses eine leichte Sache für den, der an den unfehlbaren Ausspruch des Sohnes Gottes lebendig glaubt. Der Heiland fordert von

Bäcker, Conciliumspredigten.　　　　　2

einem jeden seiner Gläubigen den strengsten Gehorsam gegen
das Lehramt der Kirche. „Wer euch hört," spricht er, „der
hört mich, wer euch verachtet, der verachtet mich und wer mich
verachtet, der verachtet den, der mich gesandt hat." Dieser
Ausspruch des Herrn gilt nicht blos von den Jüngern, sondern
auch von ihren Nachfolgern. „Wer die Kirche nicht hört," hat
der Heiland gesprochen, „der sei dir, wie ein Heide und öffentlicher Sünder!" Warum aber ist die Verachtung der Jünger
eine Verachtung des Herrn selbst? Weßhalb ist die Wider-
setzlichkeit gegen die Kirche Sünde? Weil die Lehre der Jünger
die Lehre Christi ist, weil die Kirche uns nur das Gesetz und
die Anordnungen Christi zur heiligen Pflicht macht. Es ist
also eine Auflehnung gegen die Anordnungen der Jünger und
der Kirche, eine Auflehnung gegen Christus selbst. Denn
Christus ist es, „der," wie der heilige Paulus schreibt, „Einige
zu Aposteln, Einige zu Propheten, Einige zu Evangelisten,
Einige zu Hirten und Lehrern verordnet; .... bis wir Alle
zusammen gelangen zur Einheit des Glaubens und der Erkenntniß des Sohnes Gottes." Warum hat der Heiland diese
Hirten angeordnet? Damit wir zur Einheit des Glaubens und
der Erkenntniß Christi gelangen und uns dem Urtheile der
Hirten in Glaubenssachen unterwerfen. Fordert nun der
Heiland von uns Gehorsam gegen die Kirche in Glaubenssachen und die Kirche könnte nur in einem einzigen Glaubensartikel irren, fiele dann nicht der Irrthum auf Christus selbst
zurück? Könnten wir dann Christus, könnten wir seiner
Kirche, noch Glauben schenken? Wo sollten wir uns einen
Richter in Glaubenssachen suchen? Nirgends würden wir ihn
finden. Ueber die wichtigsten Wahrheiten des Christenthums
würden die schwersten Zweifel, eine gänzliche Ungewißheit
entstehen und so viele verschiedenen menschlichen Meinungen,
als Köpfe sich finden, wie es sich leider in allen Glaubenssachen bei unsern getrennten Brüdern, den Protestanten,
findet, wo man durch stetes Forschen nach wahrem Christenthum alles Christenthum bis zu den Fundamenten zerstört
hat. Wie hat Christus der Bräutigam und Gründer seiner

Kirche dieser babylonischen Verwirrung und Zerstörungswuth
vorgebeugt? Er hat die gesammte Kirche als eine unfehlbare
Schiedsrichterin in Glaubenssachen eingesetzt und es den
Kindern der Kirche zur Pflicht gemacht, sich ihren Aussprüchen
zu unterwerfen. Nur der steten Wachsamkeit der Kirche als
Hüterin und Bewahrerin in Glaubenssachen haben wir es zu
danken, daß der katholische Glaube an allen Orten und zu
allen Zeiten seine Einheit bewahrt und die christlichen Wahr=
heiten festgehalten hat. Welchen innigen Dank sind wir dem
Heilande, sind wir der Kirche, seiner heiligen Braut, dafür
schuldig!

Die gesammte Kirche Christi ist unfehlbar in allen
Glaubens= und Sittenlehren. Was kann uns von dieser
wichtigen Wahrheit überzeugen? Die wahrhaft unzähligen
Zeugnisse der heiligsten und gelehrtesten Kirchenväter über
diese wichtige Wahrheit. „Ohne das Ansehen der Kirche,“
schreibt der heilige Augustin, „würde ich selbst dem Evangelium
keinen Glauben schenken.“ Mit Recht schreibt so der heilige
Augustin, denn ohne das Ansehen der Kirche hätten wir weder
Kenntniß der wahren Bücher der heiligen Schrift, noch von
deren Unverfälschtheit. „Man muß,“ so lehrt der heilige
Irenäus, „nicht anders wo, als in der Kirche suchen, was
wahr ist, weil in ihr die Apostel als in einer reichen Schatz=
kammer alle Wahrheit aufbewahrt haben, auf daß, wer will,
aus ihr die Quelle des Lebens nehmen könne.“ „Derjenige,“
schreibt Cyprian, „kann Gott nicht zum Vater haben, der die
Kirche nicht zur Mutter hat.“ Derselbe heilige Kirchenlehrer
schreibt von der Kirche: „Die Kirche, von des Herrn Licht
durchleuchtet, sendet ihre Strahlen durch die ganze Welt; ein
Licht nur ist es, das überall sich ergießt; der Sonne Einheit
aber besteht ungetheilt; über die ganze Erde breitet die Kirche
saftreich ihre Aeste aus; immer weiter entsendet sie die
schwellenden Wasserströme und dennoch ist es nur ein Haupt,
und ein Ursprung und eine Mutter, reich an neuem Nach=
wuchse! .... Verführt kann die Braut Christi nicht werden,
sie ist makellos und keusch.“ So der heilige Cyprian. Von

2*

der katholischen Kirche schreibt der heilige Augustin: „Diese
Kirche ist der Leib Christi, wie der Apostel sagt. Daher es
denn auch klar ist, daß, wer nicht zu Christi Gliedern gehört,
das christliche Heil nicht erlangen kann." Eine sehr große
Menge der herrlichsten Zeugnisse muß ich Kürze halber über=
gehen. Es kann keineswegs geläugnet werden, daß in den
Schriften der heiligen Väter die Unfehlbarkeit der Kirche so
oft und so klar ausgesprochen ist, wie kaum eine zweite Lehre
des katholischen Glaubens. Die Kirche hat in allen Jahr=
hunderten die größte Sorgfalt darauf verwendet, die Lehre
Christi rein und unverfälscht zu bewahren. Diese Sorgfalt
der Kirche schildert uns in überaus schönen Worten im zweiten
Jahrhundert der heilige Bischof und Martyrer Irenäus: „Die
Kirche," schreibt er, „in die ganze Welt verpflanzt, bewahrt
die Predigten und den Glauben, den sie empfangen hat, sorg=
fältig, gleichsam als bewohnte sie ein Haus; und gleicherweise
glaubt sie, als hätte sie eine Seele und ein Herz; und was
sie glaubt, lehrt und predigt sie so einstimmig, als hätte sie
nur einen Mund. Denn so verschieden auch die Sprachen in
der Welt sind, so ist doch der Inhalt der Ueberlieferung nur
einer und derselbe. Nicht anders glauben und lehren die
Kirchen, die in Deutschland, die in Spanien, in Gallien,
im Oriente, in Aegypten, in Lybien oder in der Mitte des
Erdkreises gestiftet sind. Sondern wie die von Gott geschaffene
Sonne in aller Welt eine und dieselbe ist; so leuchtet auch die
Predigt der Wahrheit überall und erleuchtet alle Menschen,
die zur Erkenntniß der Wahrheit gelangen wollen. Noch auch
wird derjenige, der unter den Vorstehern der Kirche durch
Beredtsamkeit glänzt, etwas hiervon Verschiedenes vorbringen,
denn keiner ist über seinen Lehrer; noch wird der minder Be=
redte die Ueberlieferung verkürzen. Denn da nur ein und
derselbe Glaube ist, so thut, wer in Worten viel vermag,
nichts dazu, wer wenig, nichts davon." So Irenäus. So ist
es unter Christi und des heiligen Geistes Beistand durch alle
Jahrhunderte bis zum heutigen Tage in der Kirche gehalten
worden. Besteht aber heute noch wie in den ersten Jahr=

hunderten der Kirche, eine wunderbare Einheit im Glauben, glauben wir noch immer, was in der ganzen Welt geglaubt wird; so muß der katholische Glaube der Glaube Christi und der Apostel und frei von jedem Irrthume sein. Wie könnte sich derselbe Irrthum durch die ganze Welt erstrecken?

Die Kirche ist unfehlbar in ihren Entscheidungen über Glaubens= und Sittenlehren. Dieses beweist ihr Verfahren jedem neu auftauchenden Irrthume gegenüber. Was hat die Kirche gethan, wenn der Irrthum frech sein Haupt erhob? Sie hat ihn ohne Nachsicht, ohne alle Rücksicht auf die Menschen, welche ihm huldigten, wenn es auch Kaiser waren, verdammt, und die katholische Lehre in klaren, bestimmten Worten fest= gesetzt, an der, wenn sie namentlich in allgemeinen Concilien war festgesetzt worden, in allen nachfolgenden Jahrhunderten keine Silbe ist verändert worden. Wie ist es im Laufe der Zeit den Irrthümern, wie den Entscheidungen der Kirche er= gangen? Eine ganze Menge dieser Irrthümer sind spurlos verschwunden. Wo in der Welt betet ein Priester oder Gläu= biger noch das Glaubensbekenntniß der Arianer, Macedonianer, Novatianer, Donatisten oder Pelagianer? Die gegen diese Irrlehren gefaßten Beschlüsse der Kirche haben noch immer Kraft in der ganzen katholischen Welt. Wo in der Welt findet sich noch ein Protestant, der an dem Glaubensbe= kenntnisse eines Luther, Calvin und anderer Reformatoren unverbrüchlich festhält? Diese Bekenntnisse sind längst zu Grabe getragen, wie die Protestanten durch Wort und Schriften selbst bekennen. Fraget ihr aber nach den Beschlüssen der letzten allgemeinen Kirchenversammlung von Trient; so sind sie als Glaubensregel hochverehrt und tief in die Herzen von mehr als zweihundert Millionen Katholiken eingetragen. Woher diese Verschiedenheit? Die Beschlüsse der Kirche be= ruhen auf dem alten, apostolischen Glauben aller Jahrhunderte, sind Beschlüsse Christi und des heiligen Geistes, sind auf ge= offenbarte Wahrheiten gegründet, bleiben sich stets gleich und deßhalb vermögen sie die finstern Gewalten nicht zu unter= graben. Die menschlichen Irrthümer sind vom Lügengeiste eingegeben, beruhen auf Lüge und Leidenschaft, die Lügen und Leidenschaften sind hundertfältig, widerstreiten sich vielfältig, daher die Menge der Irrthümer, daher ihr Widerspruch unter einander, da sie in Allem sich widersprechen, nur in dem Hasse der katholischen Kirche einig sind. Die Lüge schießt heute wie ein Schwamm empor und zerrinnt in kurzer Zeit wie eine Seifenblase, löst sich in eiteln Dunst auf, bricht sich am Felsen der Wahrheit, wie die Wogen des Meeres sich an seinen Felsen in schäumende Gewässer auflösen. Welche Beschlüsse das römische allgemeine Concil immer fassen mag, das bleibt fest und unbezweifelt, daß seine Beschlüsse noch bestehen werden, wenn die Irrthümer unserer Zeit längst begraben liegen. Soviel über die Unfehlbarkeit der Kirche in Glaubenssachen. Ohne ein unfehlbares Lehramt kann die göttliche Offenbarung weder erhalten noch verstanden werden. Davon noch einige Worte im zweiten Theile.

Zweiter Theil.

Ohne ein unfehlbares Lehramt in der Kirche kann die göttliche Offenbarung unmöglich erhalten werden. Was ist zur Erhaltung der Offenbarung nach dem Urtheile aller Christen, sie mögen einen Namen führen, wie sie immer wollen, nothwendiger, als die heilige Schrift, so daß sie unsere getrennten, protestantischen Brüder als die einzige Quelle der göttlichen Offenbarung ansehen? Nehmet nun aus der Kirche das unfehlbare Lehramt weg und über kein Buch in der Welt wird soviel gestritten, als über die heilige Schrift. Wie viel ist schon in alten und neuen Zeiten darüber gestritten worden, welche Bücher des alten und neuen Testamentes zur heiligen Schrift zu zählen, ob sie rein und unverfälscht erhalten seien. Schon Tertullian (De praesc. c. 17.) am Anfange des dritten Jahrhunderts bezeugt, daß gewisse Häresien manche Theile der heiligen Schrift nicht annahmen oder nicht ganz annahmen, sondern wegnahmen und zusetzten, wie es ihre Lehre forderte oder, wenn sie dieselbe ganz annahmen, dann doch verschieden auslegten. So bezeugt der heilige Augustin, daß einige Briefe des neuen Testaments, die auch Luther verwarf, von Abtrünnigen verworfen wurden, weil sie die Nothwendigkeit der guten Werke leugneten. Luther hat einige Bücher der heiligen Schrift, weil sie seiner vorgefaßten Meinung widersprachen, verworfen. Sind aber seine Schüler bei dieser Verwerfung stehen geblieben? Es ist fast kein Theil der heiligen Schrift mehr übrig, der nicht in Folge sogenannter neuer und gründlicher Untersuchungen bald von diesem, bald von jenem Gelehrten wäre verworfen worden. Es ist wahrhaft unglaublich, welche Verkehrtheiten, welcher grenzenlose Unsinn nicht blos in alten, sondern auch in unsern sich aufgeklärt dünkenden Zeiten über die heilige Schrift verbreitet worden ist. Nachdem Luther und die Reformatoren die erste Bresche durch Verwerfung mehrerer Bücher in das Gebäude der heiligen Schrift geschossen hatten, haben ihre Jünger und Nachfolger durch Verfolgung derselben Grundsätze die ganze heilige Schrift untergraben, verworfen, vernichtet. Woher kommt ein so trauriges Resultat? Man hat das unfehlbare Lehramt der Kirche verworfen und will Jeder für sich mit seiner dem Irrthume unterworfenen Vernunft die göttliche Offenbarung und deßhalb auch die heilige Schrift beurtheilen, will mit seiner Spanne Vernunft Geheimnisse ausmessen, welche weit unsere Fassungskraft übersteigen. Nie wird die heilige Schrift da feststehen, wo kein untrügliches von Christus selbst gegründetes Lehramt geglaubt wird. Haben wir dagegen in der Kirche ein untrügliches Lehramt, dem die heilige Schrift von den Aposteln ist übergeben worden, das sie vor jeder Fälschung und verkehrten Auslegung mit Aengstlichkeit bewahrt, die zu ihr gehörigen Bücher unter dem Beistande des heiligen Geistes von den ältesten Zeiten her genau bestimmt hat; so steht die heilige Schrift unerschütterlich fest, wie das Lehramt der Kirche, wie der Felsen, worauf die Kirche gegründet ist. Geht dagegen mit Verwerfung des Ansehens der Kirche die heilige Schrift selbst, der feste Grundpfeiler der Offenbarung, zu Grunde; so fällt mit ihr auch die ganze göttliche Offenbarung, die nur durch ein unfehlbares Lehramt rein und fest für alle Orte und Zeiten erhalten wird.

Ohne ein unfehlbares Lehramt in der Kirche kann die Offenbarung unmöglich erhalten werden. Es ist klar, daß auch mit der richtigen und vollständigen Bibel nichts für Erhaltung der göttlichen Offenbarung gewonnen ist, wenn dieselbe nicht zugleich richtig ausgelegt wird. Keine Irrlehre war so unchristlich und abgeschmackt, daß sie nicht eine oder die andere Stelle der heiligen Schrift durch willkürliche und verkehrte Auslegung für sich geltend gemacht hätte. Daher das bekannte Wort des heiligen Augustinus: „Woher kommen so viele Ketzereien, als weil die Schrift, die an sich gut ist, schlecht verstanden wird." Und vor ihm im zweiten Jahrhundert hat Tertullian geschrieben: „Was wirst du ausrichten, wärest du auch der Geübteste in der heiligen Schrift, da, wenn du etwas vertheidigst, es geleugnet und umgekehrt, wenn du es leugnest, es vertheidigt wird. Du wirst im Streite nichts verlieren, als Worte, und nichts erlangen als Entrüstung wegen der Gotteslästerung." (De praescriptione c. 17.) Ist es doch in unsern Tagen dahin gekommen, daß protestantische Geistliche in der heiligen Schrift nichts sehen, als ein gewöhnliches Buch, dem sie nur in soweit Glauben beimessen, als es mit ihrer schwachen Vernunft übereinstimmt. Enthielte die heilige Schrift nichts, als was die Vernunft lehrt, wozu hätten wir eine Offenbarung nöthig? Zu welchen verderblichen Auslegungen hat eine solche willkürliche Erklärung der heiligen Schrift schon geführt! Ohne die sichere und richtige Auslegung der heiligen Schrift wäre sie selbst das verderblichste Buch der Welt. Wie aber hat Christus für die richtige Auslegung der heiligen Schrift gesorgt? Indem er ein unfehlbares Lehramt in seiner Kirche einführte und ihm die Auslegung der Schrift übertrug. Wie legt dies Lehramt die heilige Schrift aus? Bei Stellen, die in allen Jahrhunderten und bei allen Kirchenvätern dieselbe Auslegung gefunden haben, hält sie an dieser Auslegung fest und gestattet kein Abweichen. Bei jenen Stellen, die verschiedene dem Glauben und der Schrift nicht widersprechende Aus-

legungen gefunden haben, stellt die Kirche Jedem frei, die Aus=
legung festzuhalten, die ihm gefällt. Findet ein Gelehrter durch
tieferes Eindringen in die heilige Schrift eine neue Auslegung,
die weder mit der heiligen Schrift, noch mit dem Glauben im
Widerspruch steht, so hat die Kirche nichts dagegen zu erinnern.
So schneidet die Kirche sich selbst und andern jede verderbliche
Willkür in Auslegung der heiligen Schrift ab, wodurch die
Offenbarung selbst untergraben wird, gestattet aber auch inner=
halb der von Christus selbst gezogenen Grenzen jede vernünftige
Auslegung. Nur in dieser Weise wird dem Untergang der
Offenbarung durch falsche Auslegung vorgebeugt und zugleich
eine heilsame Freiheit gestattet.

Ohne unfehlbares Lehramt in der Kirche kann die gött=
liche Offenbarung nicht erhalten werden. Wie soll ich euch
davon überzeugen? Christus und die Apostel haben Irrlehrer
und falsche Propheten vorausgesagt, die wirklich eingetroffen
sind und im Laufe der Jahrhunderte alle christliche Glaubens=
sätze geläugnet und die unsinnigsten Irrlehren aus dem Heiden=
thum in das Christenthum übertragen haben. Was wäre in
Folge dieser Irrlehren aus dem Christenthume geworden? Es
wäre längst bis zu den Fundamenten ausgerottet, keine einzige
Lehre wäre stehen geblieben. Eine Irrlehre widerspricht der
andern, in nichts sind sie einig, als im Hasse der katholischen
Kirche. Ich kann diese Zerrissenheit nicht besser schildern, als
mit den Worten des alten Tertullian, über die Abtrünnigen
seiner Zeit. „Sie kommen in nichts überein," sagt er, „als in
Spaltung. Man zeihe mich der Lüge, wenn sie nicht in ihren
Glaubensregeln von einander verschieden sind, da ein Jeder
nach seiner Art ummodelt, was er empfangen, wie dessen Ur=
heber auch nach seiner Willkür es verfaßt hat. Dasselbe war
den Valentinianern erlaubt, was dem Valentin, dasselbe den
Marcioniten, was dem Marcion, nämlich den Glauben zu
erneuern nach eigener Willkür. Endlich beim ersten Anblick
der Ketzereien wird man sehen, daß sie sämmtlich in Vielem
von ihren Stiftern abweichen." Dasselbe findet mit denselben
Worten seine Anwendung auf die Schüler von Luther, Calvin,

Zwingli, Jansenius. Sie reißen an dem christlichen Glaubens=
gebäude mit derselben Willkür, die ihre Stifter im Aufstellen
ihrer Lehre gebraucht, eine Lehre des Christenthums nach der
andern zusammen, bis davon nichts mehr übrig ist; es ist ihnen
ja dasselbe erlaubt, was ihre Stifter sich herausgenommen haben.
Wie hat Christus für Erhaltung seiner Lehre gesorgt? Durch
das unfehlbare Lehramt der Kirche, welche die wahre Lehre
feststellte, den Irrthum verdammte, die hartnäckig Irrenden
aus der Kirche ausschloß und sie ihrem Schicksale überließ.
Ohne das Richteramt der Kirche wäre die Lehre Jesu in ihr
längst vernichtet.

Ohne ein unfehlbares, sich in allen wesentlichen Stücken
des Christenthums gleich bleibendes Lehramt in unserer heiligen
Kirche ist für die größere Zahl der Menschen die göttliche
Offenbarung unzugänglich und unverständlich. Warum dieses?
Bei weitem der geringste Theil der Menschen ist im Stande,
durch eigene Forschung zur Kenntniß der göttlichen Offenbarung zu gelangen und die Wenigen, die es vermögen, werden
vielfach von dem Irrthume und von der Leidenschaft geblendet.
Zu wie vielen schrecklichen Verirrungen hat die freie Forschung
in der Schrift bei den Protestanten schon geführt! Oft steht
die Auslegung derselben Stelle der heiligen Schrift, die von
nur zwei gemacht wird, sich wie Tag und Nacht gegenüber.
Wer hat da die richtige Auslegung? Wer sollte da entscheiden?
Etwa die dem Irrthume unterworfene Vernunft eines Jeden?
Offenbar ein schlechter Richter, der den Streit nie endigen
wird. Wollen wir von der göttlichen Offenbarung zu unserm
Heile Gebrauch machen, so genügt es nicht, daß die geoffenbarten Wahrheiten an sich wahr sind, sondern wir müssen sie
auch in richtiger Weise auffassen. Wie können wir uns von
dieser richtigen Auffassung überzeugen? Nicht durch die dem
Irrthume unterworfene Vernunft, nicht durch die unzuver-
lässigen Forschungen Anderer, wohl aber durch die Entscheidungen der katholischen, vom heiligen Geiste geleiteten
Kirche, die mit der Lehre aller Zeiten und aller Orte übereinstimmen. Davon, folglich von der Wahrheit seines Glaubens,

kann sich aber auch der Ungelehrte in der katholischen Kirche
leicht überzeugen, wenn sein Glaube mit dem seines Seel=
sorgers, der des Seelsorgers mit dem des Bischofs, der des
Bischofs mit dem des Papstes, der Papst mit der ganzen
katholischen Welt aller Länder und Zeiten übereinstimmt.
Einen solchen kurzen, völlig überzeugenden Beweis für seine
Religion kann der nie finden, welcher außerhalb der Kirche
steht.

Hier wollen wir unsere Betrachtung schließen. Fest und
unerschütterlich wollen wir glauben an die Unfehlbarkeit unserer
heiligen Kirche in Glaubens= und Sittenlehren, denn sie wird
von Christus und dem heiligen Geiste geleitet, der Heiland hat
den Gehorsam gegen sie zur strengsten Pflicht gemacht, die Un=
fehlbarkeit wird von allen Kirchenvätern, auch den heiligsten,
mit der größten Entschiedenheit vertheidigt, für die Unfehl=
barkeit der Kirche legen ihre Beschlüsse, besonders in all=
gemeinen Concilien, das glänzendste Zeugniß ab, die allen
Anfechtungen der Hölle zum Trotze fortbestanden haben, wäh=
rend die größte Zahl der ihnen gegenüber stehenden Irrthümer
längst begraben liegen. Ohne unfehlbares Lehramt der Kirche
haben wir keine Sicherheit über die heilige Schrift selbst, keine
über ihre richtige Auslegung, keine über die Lehren des
Christenthums, vermögen nie zur richtigen Erkenntniß der
göttlichen Offenbarung zu gelangen. Seien wir also von
Herzen dankbar für dieses Christi Stelle vertretendes Lehramt
der Kirche und hegen wir die tiefste Ehrfurcht gegen dasselbe.
Diese Dankbarkeit wollen wir zeigen durch stetes Festhalten an
allen Lehren und Entscheidungen der Kirche, durch muthiges
Bekenntniß unsers Glaubens, durch einen lebendigen in Werken
thätigen Glauben, der uns nach diesem irdischen Pilgerleben
zum wonnevollen Leben der Auserwählten verhelfe. Amen.

III.

So stehet denn fest, Brüder und haltet an den Ueberlieferungen, die ihr erlernt habet, es sei durch Wort oder einen Brief von uns. 2. Theff. 2, 14.

Die letzte Unterweisung hat uns gezeigt, daß Christus in seiner Kirche ein unfehlbares Lehramt gegründet hat, daß das Lehramt der Kirche als solches allzeit ist anerkannt worden und daß ohne dieses Lehramt weder die Erhaltung, noch das richtige Verständniß der göttlichen Offenbarung möglich ist. Wir gehen heute in unserer Unterweisung einen Schritt weiter. Es fragt sich nämlich zuerst, welche Ausdehnung dieses unfehlbare Lehramt habe, worüber es sich erstrecke? Diese Frage können wir am besten beantworten, wenn wir uns fragen, welche Absicht den Heiland wohl mag geleitet haben, da er das unfehlbare Lehramt in der Kirche eingesetzt hat? Es konnte dies keine andere sein, als den Menschen aller Zeiten und Länder durch seine Lehre, seine Heilsmittel und die richtige Leitung den wahren Weg zum Himmel zu zeigen. Deßhalb erstreckt sich das unfehlbare Lehramt der Kirche nach dem Urtheile aller Gottesgelehrten auf alle Glaubens- und Sittenlehren, in denselben und in den Entscheidungen darüber kann die Kirche unmöglich irren, ohne daß die ganze Offenbarung zu Grund geht. Wem in der Kirche kommt diese Unfehlbarkeit zu? Nicht den einzelnen Gläubigen, nicht dem einfachen Priester, nicht einem oder mehreren Bischöfen, sondern der ganzen katholischen Kirche insgesammt. Doch kann auch jeder einzelne Gläubige, jeder einfache Priester und

Bischof unfehlbar den Weg des Heils gehen, an der Unfehl=
barkeit der gesammten Kirche theilnehmen, wenn er sich genau
an die Entscheidungen und Vorschriften der gesammten Kirche
hält. Wie das sichtbare Oberhaupt der Kirche an ihrer Un=
fehlbarkeit Theil nimmt wird zum Theile schon in diesem
Vortrage, gründlich aber in einer eigenen Predigt, gesagt
werden. Die Unfehlbarkeit im Glauben bei der Kirche darf
nicht so aufgefaßt werden, als wenn die Menschen, welche von
der Kirche unfehlbar geleitet werden, nicht fehlen, nicht sündigen
könnten. Fehlerfrei und geschützt gegen alle Sünde waren nur
die Apostel nach der Ausgießung des heiligen Geistes durch
ein ganz besonderes ihnen verliehenes Vorrecht. Alle andern
Lehrer und Vorsteher der Kirche können fehlen, sündigen, sich
verdammen, bleiben aber dennoch für Andere unfehlbare Lehrer
und richtige Führer auf der Bahn des Heils, wenn sie sich in
ihren Lehren genau an die Lehren und Einrichtungen der ge=
sammten Kirche halten. Diese nothwendigen Bemerkungen
vorausgeschickt, kommen wir endlich zum Gegenstande unserer
Betrachtung. Welcher soll dieser sein? Wir wollen uns
fragen: In welcher Weise hat die Kirche ihr unfehlbares Lehr=
amt ausgeübt und übt es noch? Wir wollen dann noch einen
Blick auf unsere getrennten Brüder werfen, welche den Schooß
der Kirche verlassen und sich einen eigenen Weg zum Himmel
gesucht haben und ihre willkürliche, trügerische Glaubensregel
der festen, katholischen Glaubensregel in einigen kurzen Zügen
gegenüber stellen. Sehet da den Gegenstand unserer heutigen
Betrachtung! Wie übt die katholische Kirche ihr unfehlbares
Lehramt? Erster Theil. Wie steht dieser festen Glaubensregel
gegenüber die zerrissene und unsichere Glaubensregel unserer
getrennten Brüder? Zweiter Theil.

Erster Theil.

Wie übt die katholische Kirche ihr unfehlbares Lehramt
in Glaubens= und Sittenlehren aus? Nach der Lehre aller
Gottesgelehrten und der Natur der Sache nach muß die ge=
sammte über den ganzen Erdkreis verbreitete Kirche unfehlbar

sein in allen Glaubens- und Sittenlehren, obgleich jeder einzelne Lehrer der Kirche irren und vom Glauben abfallen kann. Wer bürgt uns für diese Behauptung? Jesus Christus unser gött= licher Erlöser mit allen jenen Verheißungen, die er in der Person des heiligen Petrus der gesammten Kirche gegeben hat und wodurch er den Aposteln bis zum Ende der Zeiten seinen unsichtbaren Beistand und die Leitung des heiligen Geistes verheißen hat. Wie sollte sich der Heiland nicht in besonderer Weise der über den Erdkreis zerstreuten Kirche annehmen? Ist sie ja am Meisten mit dem Heile der Menschen beschäftigt, ist sie den meisten Gefahren ausgesetzt. Durch diesen unsicht= baren Beistand Christi und des heiligen Geistes werden zwar nicht alle falsche Propheten, nicht alle reißende Wölfe, nicht alle Irrlehrer und Verführer, die von Christus und den Aposteln zur Bewährung der Guten vorhergesagt sind, von der Kirche fern gehalten; aber nie wird ein einziger Irrthum durch die ganze Kirche sich verbreiten, nie in allen Ländern oder bei allen Bischöfen, nie bei ihrer größern Zahl Verbreitung finden, sondern die sämmtlichen Lehrer der Kirche oder ihre bei weitem überwiegend größte Zahl, hält fest, was an allen Orten, zu allen Zeiten und von Allen geglaubt worden ist, was die Kirche von den Aposteln und die Apostel von Christus empfangen haben. „Die Kirche Christi bewahrt," wie der heilige Vincenz von Lerins schreibt, „die bei ihr hinterlegten Lehrsätze; ändert nie etwas daran, nimmt nichts hinweg und setzt nichts hinzu; sie beschneidet nicht das Nothwendige, setzt nichts Ueberflüssiges dazu und wie sie von dem Ihrigen nichts verliert, so nimmt sie auch nichts Fremdartiges auf." So der heilige Vincenz. Und lange vor ihm bestätigt der alte Tertullian dieselbe Lehre: „Was diese, (die Apostel) verkündigt haben, das heißt, was ihnen Christus geoffenbaret hat, das kann durch Niemand als die Kirchen erwiesen werden, die von den Aposteln selber unter= richtet worden, sei es durch das sogenannte lebendige Wort, sei es, wie später, durch Sendschreiben. Nach diesem Be= wandnisse muß jede Lehre, welche mit jenen ursprünglichen Mutterkirchen übereinstimmt für Wahrheit gelten, als solche,

die gewiß das enthält, was die Kirchen von den Aposteln, die
Apostel von Christus empfingen." „Wir sind," spricht er
weiter, „in Gemeinschaft des Glaubens mit den apostolischen
Kirchen, weil keine Lehre von der andern abweicht; dieses ist
das Zeugniß der Wahrheit." So Tertullian. Er beruft sich
dann auf das Zeugniß der apostolischen Kirchen zu Smyrna,
Corinth, Philippi, Ephesus und Rom. Er bezeichnet es als
ein Zeichen des wahren Glaubens, daß die einzelnen Kirchen
von den Aposteln oder apostolischen Männern abstammen, die
bei den Aposteln verharret, das heißt in Glaubensgemeinschaft
geblieben sind. Dieselbe Lehre von Tertullian finden wir schon
früher aufgestellt bei dem heiligen Irenäus. „Nicht anderswo,"
schreibt er, „muß man suchen, was wahr ist, als in der Kirche,
indem in ihr die Apostel, wie in einer Schatzkammer alle
Wahrheiten aufbewahrt haben, auf daß, wer da wolle, aus
ihr vom Quelle des Lebens trinke. Dort ist der Eingang zum
Leben." So der heilige Irenäus. So wie diese Wenigen sich
mit großer Verehrung für den Glauben der gesammten Kirche
aussprechen, so auch alle späteren Lehrer und Bischöfe bis auf
unsere Zeiten, je heiliger und gelehrter sie waren, desto fester
hielten sie am Glauben der über den Erdkreis verbreiteten
Kirche. Ihr Glaube war ihnen stets der Glaube der Apostel,
der Glaube Christi und deßhalb unfehlbar. Aber kann uns
nach den ausgesprochenen Grundsätzen nicht jede Lehre als
Glaubenslehre der gesammten Kirche aufgedrängt werden?
Wird nicht der Willkür Thür und Thor geöffnet? Nein!
Gegen jede willkürliche Neuerung sind wir vollkommen sicher
gestellt. Seit den Zeiten der Apostel ist jede neu auftauchende
Lehre nie von allen Lehrern der Kirche angenommen worden,
bei Weitem der größte Theil der Bischöfe hat sich dieser
Neuerung entschieden widersetzt. Ebenso wenig hat ein Irrthum zu allen Zeiten bestanden, er ist meistens viele Jahrhunderte nach Christus gekommen und hat er sich schon zu den
Zeiten der Apostel gezeigt, so ist er von den Aposteln verworfen
worden. Jede Willkür des Einzelnen in Glaubenssachen, sei
er Priester, sei er Bischof, sei er Papst, ist abgeschnitten durch

den Glauben der katholischen Kirche, wie er in allen Welttheilen, bei allen Lehrern der katholischen Kirche besteht und
wie er von Christus bis auf uns in allen Jahrhunderten bestanden hat. Sehet da die erste Weise, wie die Kirche ihre
Unfehlbarkeit im Glauben ausübt, der Heiland steht ihr bei,
der heilige Geist sorgt für Erhaltung der reinen Lehre in der
Kirche, wenn auch ihre Hirten in der Welt zerstreut leben.

Wie übt die Kirche ihr unfehlbares Lehramt in Glaubens-
und Sittenlehren aus? Sie hat das gethan durch die Stimmen
und die Schriften einzelner Hirten und kleinere oder größere
Kirchenversammlungen, bei denen jedoch in den ersten drei
Jahrhunderten der Kirche sich nur die Bischöfe eines Landes
oder einer Provinz zu vereinigen pflegten, um über Glaubenszweifel zu entscheiden oder gewisse Anordnungen in der Kirchenzucht zu treffen. Was ist von den Schriften der einzelnen
Kirchenlehrer, wenn sie noch so gelehrt und heilig sind, zu
halten? Sie können irren in einzelnen Glaubenslehren, weil
sie nicht die ganze Kirche darstellen. Und dasselbe ist zu sagen
von den kleineren oder besondern Kirchenversammlungen eines
Landes oder einer Provinz. Stimmten daher die Schriften
eines Kirchenvaters, und wäre es ein heiliger Augustin, ein
heiliger Bernardus oder Thomas, mit der Lehre der Kirche in
den vorhergehenden und nachfolgenden Jahrhunderten nicht
überein, würde ihnen von den übrigen Lehrern der Kirche
widersprochen, so ist ihre Meinung eine irrige, findet keinen
Anklang in der Kirche, wird wohl gar von der Kirche verworfen. Dasselbe gilt von den Entscheidungen besonderer
Kirchenversammlungen, wenn sie der Lehre und den Einrichtungen der Kirche widerstreiten. Wie könnte es anders
sein? Der Kirche insgesammt, nicht den einzelnen Gliedern
der Kirche, ist Unfehlbarkeit verheißen. Daher haben einzelne
um die Kirche hochverdiente Lehrer in einigen Lehren der
Kirche sich geirrt. So Hieronymus, von der Kirche selbst
der größte Lehrer genannt, in der Zahl der Bücher der heiligen Schrift; so hat das große Licht der Kirche, der heilige
Augustin in zwei Büchern verschiedene Meinungen zurückge-

nommen, die er in früheren Werken aufgestellt hatte. Wenn dagegen die einzelnen Lehrer oder einfache Kirchenversamm= lungen streng an der Lehre der Kirche festhalten, so genießen sie ein großes Ansehen und haben nicht wenig zur Widerlegung der Irrlehren beigetragen. So sind von den Aposteln schon Abtrünnige verdammt und deßhalb von der Kirche ausgestoßen worden. So verdammte der heilige Petrus Simon den Zau= berer, der die Nothwendigkeit der guten Werke leugnete, so Paulus jene, welche die Auferstehung des Fleisches nicht an= nahmen und Elymas den Zauberer, so Johannes die Secte der Nicolaiten und Ebioniten und jene, welche die wahre Menschwerdung Christi nicht anerkannten. So wurden alle Irr= lehren der drei ersten Jahrhunderte entweder von einzelnen Bi= schöfen oder besondern Kirchenversammlungen oder vom Papste verurtheilt und die wahre Lehre der Kirche festgesetzt. Und was ist geschehen? Die Irrlehren sind spurlos verschwunden, die Entscheidungen der Kirche, wenn auch nicht in feierlichster Weise festgesetzt, bestehen noch immer. Auch durch den heiligen Hieronymus und Augustin wurden mehrere Irrlehren siegreich bekämpft und vernichtet. Die große und verderbliche Irrlehre der Pelagianer über die Erbsünde und die Gnade wurde nur vom Papste, besondern Kirchenversammlungen und vorzugs= weise vom heiligen Augustin verdammt und doch haben diese Entscheidungen volle kirchliche Gültigkeit. In nicht feierlichen Entscheidungen sind manche spätere Irrlehren verurtheilt und ist ihre Verurtheilung von der Kirche anerkannt. Verstoßen dagegen besondere Concilien, noch mehr einzelne Lehrer gegen die Lehre der gesammten Kirche, so hat sie die Kirche stets verworfen und ihnen bei allen rechtgläubigen Christen alles Ansehen genommen. Das Ansehen der einzelnen Lehrer, das Ansehen der besondern Concilien, hängt also allein von der Zustimmung oder Nichtzustimmung der gesammten Kirche ab.

Wie übt die Kirche ihr unfehlbares Lehramt in Glaubens= und Sittenlehren aus? Wenn eine besonders wichtige Lehre des Christenthumes von einem Irrlehrer angegriffen wurde, wenn mehrere gefährliche Irrthümer frech ihr Haupt erhoben

Bäcker, Conciliumspredigten.

und mancherlei Mißbräuche in der Kirche abzuschaffen waren, oder ein der Kirche feindlich gesinnter Kaiser Ränke gegen die Kirche schmiedete und große Verwirrung anrichtete, so hat, wenn es die Zeitumstände nur immer möglich machten, das Oberhaupt der Kirche im Einverständniß mit dem Fürsten, in dessen Land sie sich versammeln sollte, eine allgemeine Kirchen= versammlung aus Bischöfen, Erzbischöfen, Patriarchen, Ordens= generälen und gelehrten Priestern der ganzen katholischen Welt zusammen berufen, um die Glaubensstreitigkeiten auf die feierlichste Weise zu entscheiden, die entgegengesetzten Irrthümer ebenso feierlich zu verdammen und die Kinder der Kirche vor denselben auf das Ernstlichste zu warnen, Mißbräuche abzu= stellen und diejenigen Anordnungen zu treffen, welche die ver= schiedenen Zeitumstände als nothwendig erscheinen ließen. Ein allgemeines Concil ist die feierlichste Entscheidung, welche die Kirche über Glaubens= und Sittenlehren treffen kann. Die hier getroffenen Entscheidungen über die Glaubens= und Sitten= lehren der Kirche werden nie mehr abgeändert, bleiben fest und unerschütterlich bestehen bis zum Ende der Zeiten. Weß= halb genießen die allgemeinen Kirchenversammlungen ein so hohes Ansehen in unserer heiligen Kirche? Man betrachtet mit Recht ihre Aussprüche als Aussprüche der ganzen Kirche, folglich auch als Aussprüche Christi und des heiligen Geistes. Wann muß Christus und der heilige Geist seiner Kirche be= sonders nahe sein und sie in ihre besondere Obhut nehmen? Doch dann gewiß, wenn die Kirche in ihren Hirten und Lehrern versammelt ist, um über die wichtigsten und heiligsten Güter, den Glauben und die guten Sitten, zu entscheiden. Das ist der feste und unerschütterliche Glaube aller katho= lischen Hirten und Gläubigen in allen Jahrhunderten der Kirche gewesen. Doch von den Concilien, besonders den allgemeinen in den nachfolgenden Predigten. Hier genüge es, euch als die feierlichste Weise, wie die Kirche ihr un= fehlbares Lehramt zur Geltung bringt, die Entscheidungen der allgemeinen Concilien über Glaubens= und Sittenlehren zu bezeichnen.

Wie übt die Kirche ihr unfehlbares Lehramt in Glaubens= und Sittenlehren aus? Zuweilen auch durch die Stimme des Oberhauptes der Kirche, durch den Papst. Es kann nämlich der Fall eintreten, daß zu Kriegs= oder Revolutionszeiten die Berufung eines allgemeinen oder auch eines besondern Concils eine Sache der Unmöglichkeit ist, aber dennoch mancherlei ver= derbliche Irrthümer auftauchen, welche die Kirche verdammen und vor welchen sie ihre Kinder warnen muß. Wem obliegt eine so nothwendige und heilige Pflicht? Wer ist von Christus selbst als höchster Wächter in Glaubenssachen aufgestellt? Wer soll seine Brüder im Glauben stärken? Petrus und seine Nachfolger, denen der Herr selbst die Lämmer und Schafe zu weiden befohlen hat. Daher ist die Verdammung gewisser Irrthümer in der Kirche nur vom apostolischen Stuhle in Rom ausgegangen. Diese Entscheidungen hat die gesammte Kirche zu den ihrigen gemacht und ihnen ihre Zustimmung ge= geben. Und wo immer zu den Entscheidungen des heiligen, apostolischen Stuhls über eine Glaubenssache oder in Ver= dammung eines Irrthums die Zustimmung der ganzen Kirche, das heißt, des überwiegend größten Theils derselben hinzu= tritt, da ist nach Aller Urtheil, selbst der Gallicaner, von denen später, die Sache geendet, der Streit entgültig entschieden, der Irrthum für alle Zukunft verdammt. Was die persönliche Unfehlbarkeit des heiligen Vaters und Oberhauptes der Kirche in Entscheidungen von Glaubens= und Sittenlehren anlangt, über die dermalen so viel gefabelt und gelästert wird, so will ich hier kein Wort darüber verlieren, im Sinne der Kirche ge= nommen, habe ich persönlich stets daran festgehalten, sie in allen meinen Schulen gelehrt, es sprechen für diese Unfehl= barkeit, über welche sich die Kirche nur nicht feierlich ausge= sprochen hat, die wichtigsten Gründe, die ich euch in einer besondern Predigt darlegen werde. Soviel über die Art und Weise, wie die Kirche ihr unfehlbares Lehramt zur Ausübung bringt. Was hier fehlt, wird der spätere Unterricht noch bringen, was weniger klar ist, wird noch mehr erläutert werden. Seht da die feste unerschütterliche Glaubensregel der katholischen Kirche, der Nichts ferner liegt, als menschliche Willkür, die man ihr vorwirft. Wie steht dieser festen Glaubensregel der katholischen Kirche gegenüber die zerrissene und unsichere Glaubensregel unserer getrennten Brüder? Davon ein Wort im zweiten Theil.

Zweiter Theil.

Wie steht dieser festen und sichern Glaubensregel der katholischen Kirche gegenüber die zerrissene und unsichere Glaubensregel unserer getrennten Brüder außer der Kirche? Wird bei ihnen auch geglaubt, was zu allen Zeiten, was an allen Orten, was von Allen, das heißt, dem überwiegend größten Theil der Kirche ist geglaubt worden? Leider nicht, denn geschähe das, so müßten alle Bekenner des christlichen Namens Kinder der katholischen Kirche sein. Unserer getrennten Brüder Glaube reicht nicht hinauf mit allen seinen Glaubensartikeln bis in die Zeiten der Apostel, sondern Einige, wie die Rongeaner reichen bis zum Jahre 1844, Andere bis zum Jahre 1517, Andere, wie die schismatischen Griechen, bis zum Jahre 1000 nach Christus, Andere, wie die Nestorianer bis zum Jahre 431 nach Christus. Vor dieser Zeit weiß man Nichts von einem solchen Bekenntnisse, ihre Vorfahren lebten und· starben in der katholischen Kirche, waren oft deren treueste Kinder. Auch ist der Irrthum außer der Kirche und an verschiedenen Orten sich nicht gleich. Ein anderer Irrthum ist in Rußland, ein anderer in Deutschland, ein anderer in England, ein anderer in der Schweiz, ein anderer bei den Quäckern und wie die verschiedenen Secten alle heißen mögen. Jede Irrlehre hat einen beliebigen Theil des christlichen Lehrgebäudes eingerissen und den übrigen Theil nach Willkür beibehalten und nach Willkür weitere Aenderungen daran vorgenommen. Dabei widerspricht eine der andern, was diese glaubt, verwirft die Andere, Alle widersprechen sich unter einander und der katholischen Kirche, nur der töbtliche Haß gegen die alte Mutterkirche vereinigt sie Alle, darin stimmen sie Alle überein. Dieser große Widerspruch der Secten unter einander, die Zerrissenheit der einzelnen Irrlehren in sich selbst, das Abweichen von der Lehre ihrer Stifter, der Mangel an festen christlichen Lehrsätzen gegenüber dem katholischen Glaubensbekenntnisse, das an allen Enden der Welt sich gleich bleibt, das durch alle Jahrhunderte reicht bis zu den Aposteln, läßt gewiß keinen Zweifel übrig, wo wir die wahre Kirche Christi zu suchen haben. Die Irrthümer sind unzählige, die Wahrheit nur eine. Wo wird diese Wahrheit zu finden sein? Sicher nicht da, wo man nach Willkür gegen den Sinn der ganzen Kirche die Lehre Christi umgeändert hat, sondern da, wo sie, wie in der katholischen Kirche, in allen Jahrhunderten und an allen Orten dieselbe geblieben ist.

Wie steht der festen und sichern Glaubensregel der katho= lischen Kirche gegenüber die zerrissene, unsichere unserer ge= trennten Brüder? Für jede Glaubenslehre, welche von der katholischen Kirche festgehalten wird, lassen sich, wenn auch nicht immer die Entscheidungen von allgemeinen Kirchenver= sammlungen geltend machen, dann doch die Zeugnisse verschie= dener Kirchenväter oder auch einzelner kleineren Kirchen= versammlungen aus verschiedenen Jahrhunderten aufweisen, wodurch gezeigt wird, daß diese oder jene Lehre zu allen Zeiten von der gesammten Kirche ist gelehrt worden. Findet sich eine solche tröstliche Uebereinstimmung zwischen der alten und neuen Zeit auch bei unseren getrennten Brüdern? Leider nicht! Die neuen Lehren und Lehrer stimmen mit den früheren Lehrern nicht überein, sondern widersprechen ihnen vielfach. Damit namentlich die sogenannten Reformatoren des sechs= zehnten Jahrhunderts ihre Irrlehren vertheidigen konnten, haben sie das Ansehen aller, auch der gelehrtesten und heiligsten Kirchenväter geleugnet, das Ansehen der Concilien bestritten. Man hat behauptet, daß die Kirche gegen die Verheißungen Christi in späteren Jahrhunderten in Irrthum gefallen, nur in den ersten drei Jahrhunderten das reine Christenthum be= wahrt habe. Welche Willkür, welche Vermessenheit! Soll das Wort Christi, welches dreihundert Jahre sich untrüglich erwiesen hat, dann trügerisch sein? Die Kirche ist vielmehr zu allen Zeiten sich gleich geblieben, hat im vierten und den folgenden

Jahrhunderten nicht anders, als in den drei ersten Jahrhunderten ihres Bestehens gelehrt, wie sich dies in allen katholischen Schriften nachgewiesen findet. Dagegen haben unsere
getrennten Brüder mehrere von der Kirche schon früher verdammte Irrthümer, wie die Bilderstürmerei, daß der Glaube
ohne die guten Werke selig mache, über die Verehrung der
Reliquien und das Gebet für die Abgestorbenen und dergleichen
erneuert und eine Menge anderer Irrthümer über die Rechtfertigung, die heilige Messe u. s. w. neu hinzu gefügt. Wo
wird also die Wahrheit, wo der Irrthum sein? Die Wahrheit
muß da sein, wo der Glaube nie gewechselt wurde, wo Ver-
gangenheit und Gegenwart vollkommen übereinstimmen und
sich gegenseitig Zeugniß geben. Der Irrthum muß da sein,
wo man früher verdammte Irrthümer in das Glaubensbekenntniß aufgenommen und dem christlichen Alterthum Hohn
sprechend eine Menge christlicher Glaubenslehren aus dem
Glaubensbekenntnisse ausgemerzt hat.

Wie steht der festen und sichern Glaubensregel der katholischen Kirche gegenüber die zerrissene und unsichere Glaubensregel unserer getrennten Brüder? Werden bei ihnen ebenso
wie in der katholischen Kirche allgemeine Concilien gefeiert?
Welches Ansehen genießen dieselben? Werden auch sie, wie in
der katholischen Kirche durch ihre Entscheidungen die Einheit
und Einigkeit im Glauben der Kirche befördern? Ein solches
allgemeines Concil, auf welchem alle getrennten Brüder sich
einfänden, um Einigkeit im Glauben herbeizuführen, ist eine
Sache der Unmöglichkeit. Wer sollte eine solche Versammlung
berufen, da sie kein gemeinsames Haupt haben? Wer die Verhandlungen leiten und den Vorsitz führen? Wer die Entscheidung treffen? Wer die nothwendige Unterwürfigkeit unter
die Beschlüsse herbeiführen? Hat man außer der katholischen
Kirche Concilien gefeiert, so haben diese nur gegen die katholische
Kirche geschimpft, im eigenen Hause aber nur die Drachen-
zähne der Zwietracht gesäet und ihre Uneinigkeit in den wichtigsten Glaubenssätzen und die eigene Glaubenslosigkeit immer
mehr aufgedeckt. Wie es mit der Einigkeit der verschiedenen

Reformatoren vor dreihundert Jahren gestanden hat, davon
hat uns die Geschichte glänzende Proben geliefert, indem jeder
Vereinigungsversuch größere Zwietracht bei ihnen hervorrief.
Wie steht es heute mit Landes= und Provinzialsynoden unserer
getrennten Brüder? Man kommt nur in der Glaubenslosigkeit
überein, man denkt nicht mehr an ein christliches Glaubens=
bekenntniß, hält an keiner Glaubenswahrheit mehr fest, faßt
nur hohle, geschraubte, durch dunklen, nichs sagenden Wort=
schwall unverständliche Beschlüsse, die sich Jeder nach Belieben
gläubig oder ungläubig deuten kann. Weil man nun außer
der katholischen Kirche kein allgemeines Concil feiern kann,
dabei nur die eigene Zwietracht und Glaubenslosigkeit auf=
decken würde; so will die schlechte protestantische Presse auch
nicht, daß die katholische Kirche ein solches feiere. Hat diese
protestantische Presse zu den Schmähungen auf das katholische
Concil nur das entferntefte Recht? Sie hat dazu ebenso
wenig Recht, als ihr Urtheil abzugeben über die heilige Messe,
über unsere Predigt, unsere Beicht, unsere Communion, über
unsere heilige Oelung. Das Concil ist eine innere Ange=
legenheit der katholischen Kirche, die nur uns berührt, die
Jeden, der außer der Kirche ist, nichts angeht. Mögen unsere
getrennten Brüder sich Concilien nach Stockholm, Kopenhagen,
London, Berlin, Washington zusammenrufen, uns aber in
Frieden und Ruhe den Beschlüssen der 20ten allgemeinen
Kirchenversammlung entgegensehen lassen, sie werden gewiß
ebenso heilsam, als alle früheren sein.

Wie steht der festen Glaubensregel der katholischen Kirche
gegenüber die zerrissene und unsichere unserer getrennten Brüder?
Die katholische Kirche hat außer den Wächtern des katholischen
Glaubens in allen Theilen der Welt, den Bischöfen als Nach=
folgern der Apostel, einen höchsten Wächter, einen allgemeinen
Hirten aller Schafe und Lämmer, einen Mittelpunkt der Einheit,
ein gemeinsames Haupt des gesammten mystischen Leibes Jesu
Christi, einen gemeinsamen Vater aller über den Erdkreis zer=
streuten Bekenner des katholischen Glaubens, die durch diesen
Vater zu einer großen Familie Gottes vereinigt werden. Ohne

dieſes Haupt wäre der Leib der Kirche längſt eine Leiche und in Fäulniß übergegangen, ihre Schafe zerſtreut, ihre Einheit zerriſſen, ihr Glaube wenigſtens theilweiſe im Strudel des Irrthums zu Grund gegangen. Und ſo traurig und noch viel trauriger ſteht es um unſere getrennten Brüder, die ſich vom rechtmäßigen Oberhaupte der Kirche gewaltſam losgeriſſen haben. Sie gleichen Gliedern ohne Haupt, Aeſten, die ab= geſchnitten ſind von ihrem Stamme, Bächlein, die getrennt ſind von ihrer Quelle, ſie ſind ohne Wächter im Glauben, ohne Mittelpunkt der Einheit, ſich widerſprechend löſen ſie ſich immer mehr auf und gehen ihrem Untergange entgegen. Dafür, daß ſie der rechtmäßigen geiſtlichen Gewalt nicht gehorchen wollten, ſind ſie in eine vollſtändige Knechtſchaft der weltlichen Gewalt gefallen. Die Griechen haben Jahrhunderte lang unter dem Joche der Türken geſeufzet, ſtehen jetzt ganz unter der Herrſchaft der ruſſiſchen Knute. Die Proteſtanten ſind längſt in ebenſo viele kleine Secten zerſplittert, als es Länder und Ländchen gibt, in denen ſie zerſtreut leben. Statt einem von Chriſtus geſetzten Haupte, haben ſie ebenſo viele Päpſte und Päpſtlein, als es proteſtantiſche Länder und Ländchen gibt. Deßhalb wollen wir Gott ſtets dafür danken, daß er uns in der Perſon des heiligen Vaters ein gemeinſames Oberhaupt für unſere Kirche gegeben hat. Mit derſelben Liebe und Treue, mit welcher wir der Kirche folgen, wollen wir auch an ihrem ſichtbaren Oberhaupte feſthalten und um ſo treuer zu ihm ſtehen, je mehr die glaubensloſe, blinde Welt unſern gemein= ſamen geiſtlichen Vater ſchmäht, verfolgt, läſtert und falſche Beſchuldigungen gegen ihn erhebt. Was bürgt mehr als dieſes Toben und Verfolgen der gottloſen Welt dafür, daß der Nach= folger Petri die Sache Gottes unter uns vertritt?

So danken wir ſchließlich Gott für die unſchätzbare Wohl= that, daß er uns in der heiligen, katholiſchen und apoſtoliſchen Kirche, der unfehlbaren Wächterin des wahren Glaubens geboren werden ließ. Dieſe Unfehlbarkeit übt die Kirche aus, wenn ihre Hirten, in der Welt zerſtreut leben, durch die übereinſtimmende Lehre ihrer Hirten und kleiner Kirchenverſammlungen, durch

die Beschlüsse allgemeiner Kirchenversammlungen, durch die
Stimme ihres Oberhauptes. Dieser unfehlbaren Bewahrerin
des wahren Glaubens gegenüber stehen unsere getrennten
Brüder, getrennt von der alten Mutterkirche, getrennt von
andern irrenden Brüdern, im Widerspruche mit diesen und mit
sich selbst; getrennt sind sie von der Kirche der ersten Jahr=
hunderte des Christenthums, indem sie ihre Einrichtungen und
Lehren verwarfen und von der Kirche verworfene Irrlehren
in ihr Glaubensbekenntniß aufnahmen; gemeinsame Versamm=
lungen heben nicht, sondern befördern die Zwietracht, die in
den wichtigsten Glaubenslehren unter ihnen herrscht; endlich
entbehren alle getrennten Brüder das gemeinsame Haupt, den
Mittelpunkt der Einheit, sind ein Körper ohne Haupt, Aeste
ohne Stamm und Wurzel. Deßhalb danken wir Gott aus
innerstem Grunde des Herzens, daß wir Kinder der katholischen,
gelästerten, stets verfolgten Kirche sind, die Christi Lehre,
Christi Heilsmittel und die von Christus eingesetzte Regie=
rung stets unversehrt bewahrt und allen Verfolgungen Trotz
geboten hat. Den Glauben dieser Kirche wollen wir nicht
bloß in Worten bekennen, sondern auch in Werken üben, durch
eifrigen Gebrauch der Heilsmittel uns heiligen, durch Gehorsam
gegen die Kirche und ihre Vorgesetzte den Weg zum Himmel
wandeln. Beten wollen wir auch für alle unsere getrennten
Brüder, daß Gott sie mit dem Lichte der Gnade und des
Glaubens erleuchte, sie zum wahren Glauben führe, durch die
Heilsmittel der Kirche zu allem Guten stärke und heilige, sie
mit allen himmlischen Segnungen überhäufe, und ihnen der=
einstens zur vollendeten Seligkeit verhelfe, die der Heiland für
alle Menschen mit seinem Blute erkauft und zu der er auch
unsere getrennten Brüder berufen hat. Amen.

IV.

Es hat dem heiligen Geiste und uns gefallen, euch weiter keine Last
aufzulegen, als diese nothwendige Stücke, daß ihr euch enthaltet
von Götzenopfern, vom Blute, vom Erstickten und von der Hurerei.
Apostelgeschichte 15, 28—29.

Wir haben in unserm letzten Vortrage eine vierfache
Weise kennen gelernt, wie die Kirche die ihr von Christus ver=
liehene Unfehlbarkeit ausübt und nöthigen Falles über Glaubens=
und Sittenlehren ihre Entscheidungen abgibt und die entstandenen
Streitigkeiten darüber schlichtet. Eine in der Kirche sehr be=
liebte Art Streitigkeiten zu entscheiden, Mißbräuche zu heben,
Anordnungen zu treffen, waren in allen Zeiten des Christen=
thums bis herab zu uns die Concilien oder Kirchenversamm=
lungen von Bischöfen. Wie alt sind die Concilien in der
Kirche? Sie reichen hinauf bis in das Zeitalter der Apostel.
Als nämlich bereits eine sehr große Zahl von Juden und
Heiden das Christenthum angenommen hatte und an Christus
glaubte, wurde in der großen Stadt Antiochien von einigen
Judenchristen die Behauptung aufgestellt, daß die aus dem
Heidenthume bekehrten Christen sich der Beschneidung und allen
Ceremonien des jüdischen Gesetzes unterwerfen müßten, um
zur Seligkeit zu gelangen. Dieser Lehre wurde mit aller Ent=
schiedenheit von den heiligen Aposteln Paulus und Barnabas
widersprochen. Es entstand darüber ein großer Streit. Wie
hat man die Streitfrage entschieden? Man schickte Paulus
und Barnabas mit einigen Anderen von Antiochien nach
Jerusalem, um die Apostel und Aeltesten, Priester und Vor=

steher, zu fragen. Was haben die Apostel in dieser Streitfrage gethan? Es versammelten sich die Apostel und Aeltesten,
diese Sache zu untersuchen. Als viele gemeinschaftliche Untersuchungen gepflogen waren, erhob sich Petrus und gab seine
Meinung ab. Dieser stimmte Jakobus bei und der Streit
wurde nach gemeinschaftlicher Berathung mit den Worten
meines Vorspruches entschieden: Es hat dem heiligen Geiste
und uns gefallen, euch weiter keine Last aufzulegen, als diese
nothwendige Stücke, daß ihr euch enthaltet von Götzenopfern,
vom Blute, vom Erstickten und von Hurerei. Sehet da das
erste Concil, auf dem die Apostel unter Vorsitz des heiligen
Petrus erscheinen, gemeinsam berathen, einen Beschluß fassen,
diesen Beschluß, weil er von der ganzen lehrenden Kirche aus-
ging, als Beschluß des heiligen Geistes, unter dessen unsichtbaren Beistand er gefaßt wurde, bezeichnen. Sehet da das
Muster und Vorbild aller späteren Concilien, auch des heutigen
vaticanischen, welches die ganze ungläubige Welt in so große
Aufregung versetzt. Von da an bis auf unsere Zeiten sind
eine unglaublich große Menge von Concilien gehalten worden.
Ihre noch vorhandenen Verhandlungen füllen eine große Zahl
von Folianten. Die wichtigsten und feierlichsten sind unstreitig
die allgemeinen Concilien. Meine Belehrung über Concilien
könnte ich zunächst auf die allgemeinen Concilien beschränken.
Es wird aber mein Unterricht viel klarer und deßhalb euch
viel faßlicher und verständlicher werden, wenn ich auch über
Concilien überhaupt, über ihre Berufung, ihr Ansehen in der
katholischen Kirche das Nöthige sage. Dann aber von dem
hohen Ansehen der allgemeinen Concilien, ihrer Feier in der
katholischen Kirche, spreche. Ein reicher Stoff bietet sich hier
dar für mehrere Predigten, wie sehr ich auch bemüht sein
werde, mich auf das Nöthigste zu beschränken. Heute wollen
wir reden über die Concilien überhaupt, ihre Eintheilung,
ihr Ansehen, die Bedingungen, damit ein Concil ein allgemeines sei, ich will euch, ehe wir weiter gehen, eine möglichst
gedrängte Uebersicht von den allgemeinen Kirchenversammlungen
früherer Zeit bis herab zur letzten, der hochberühmten und ge-

feierten Kirchenversammlung von Trient geben. Sehet da den überaus reichen Stoff für unsere Betrachtung! Was ist ein Concil? Wie werden die besonderen Concilien eingetheilt? Welches Ansehen haben dieselben? Diese Fragen soll uns beantworten der erste Theil. Wann ist ein Concil ein allgemeines? Welche allgemeine Concilien sind in früheren Jahrhunderten schon gehalten worden? Davon die Belehrung im zweiten Theile.

Erster Theil.

Die erste Frage, welche von uns zu beantworten ist, betrifft den Begriff Concil. Was heißt Concil? Es ist ein lateinisches Wort und heißt Versammlung und zwar in der Regel eine Versammlung von Bischöfen, die zusammen kommen an einem bestimmten Orte, um sich über Glaubensstreitigkeiten oder wichtige Punkte der Kirchenzucht zu berathen oder sonstige wichtige und schwierige Angelegenheiten, welche die Religion betreffen, zu besprechen und gemeinsame Maßregeln festzusetzen. Wozu aber, so fragen viele Leute und Zeitungen, die es nichts angeht, eine solche Versammlung? Was soll sie nützen? Sie nützt allerdings sehr Viel und deßhalb sind Concilien von Anfang der Kirche bis auf uns gehalten worden. Zwei sehen mehr als Einer. Wie viel größer wird der Nutzen sein, wenn Hunderte von Bischöfen zusammenkommen, um sich über ihre Schwierigkeiten zu besprechen, ihre Erfahrungen sich mitzutheilen, sich durch ihre Wissenschaft zu unterstützen, ihren Eifer in Sache der Religion neu zu beleben! Kommen ja doch heute besonders alle Klassen von Menschen zusammen, um über die besonderen Angelegenheiten ihres Faches zu berathen. Es kommen zusammen Diplomaten, und berathen über Politik, Juristen, Forstbeamten, Militärpersonen, Sprachforscher, Lehrer, selbst jede Classe von Handwerkern und Arbeitern, um die Angelegenheiten ihres Faches einer gemeinsamen Besprechung zu unterwerfen. Sollte, was für Alle gut ist, für die Kirche allein verderblich sein? Sollte, was Allen erlaubt, nur der Kirche, den Bischöfen und dem Papste, verboten sein?

Wie werden die Concilien eingetheilt? Nach der verschiedenen
Größe dieser Versammlungen werden sie eingetheilt in Diöcesanconcilien, in welchen der Bischof mit den Geistlichen seines
Bisthums eine geistliche Zusammenkunft abhält; in Provinzialconcilien, worin nur die Bischöfe einer Provinz zusammenkommen und über die gemeinsamen und besonderen Angelegenheiten ihrer Bisthümer berathen. Nationalconcilien sind jene,
in welchen die Bischöfe einer ganzen Nation zu kirchlichen
Verhandlungen sich einfinden; endlich gibt es noch solche Kirchenversammlungen, die hunderte von Bischöfen gezählt haben, auch
aus verschiedenen Ländern, ohne daß sie deßhalb als allgemeine
angesehen werden können. Von jeder Gattung von Concilien
will ich euch hier einen möglichst kurzen und klaren Begriff geben.

Was geschieht in Diöcesanconcilien? Der Bischof beruft
einen großen Theil seiner Geistlichen meistens in seine bischöfliche Residenz zwei, drei, vier Tage, um sich mit ihnen bis in
das Kleinste über die Bedürfnisse des Bisthums zu berathen,
Mißbräuche, wenn sie sich finden, abzustellen, Anordnungen,
wo sie nöthig sind, sowohl für das Volk, als für die Geistlichen zu erlassen, für die richtige Feier des Gottesdienstes,
für die Ausspendung der Sakramente, für Ertheilung des
Religionsunterrichtes, für Abhaltung nützlicher Andachten, für
genaues Festhalten kirchlicher Vorschriften zu sorgen. Die
kleinsten Bedürfnisse können da berathen werden und zwar so,
wie sie für Zeit und Ort nothwendig sind. Damit sie den
Nutzen bringen, welchen die Kirche beabsichtigt, muß der Bischof
und der überwiegende Theil der Geistlichen ganz vom Geiste
der Kirche erfüllt und für die heiligen Pflichten ihres so hohen
Berufes begeistert sein. Ist das glücklicher Weise der Fall, so
sind diese Bisthumsversammlungen vom größten Nutzen, tragen
ungemein viel bei, den kirchlichen Sinn und die Frömmigkeit
zu heben, Mißbräuche, wären es auch die größten, in kurzer
Zeit auszurotten. Durch solche Bisthumsconcilien hat der
heilige Carl Barromäus im sechzehnten Jahrhunderte sein ver-
wahrlostes Erzbisthum Mailand in verhältnißmäßig kurzer
Zeit ganz umgewandelt. Ein solches Bisthumsconcil hielt

am 8., 9. und 10. October 1867 der verdienstvolle hochwür=
digste Herr Bischof von Paderborn mit seinen Geistlichen ab,
die Verhandlungen sind gedruckt in lateinischer Sprache, jedem
Geistlichen überaus nützlich und müssen durchgeführt von unbe=
schreiblichem Segen für das Bisthum sein.

Was geschieht in Provinzialconcilien? Diese Art Concilien
beruft gewöhnlich der Erzbischof und es werden darin die be=
sondern Bedürfnisse dieser Kirchenprovinz gemeinschaftlich von
den betreffenden Bischöfen in Verbindung mit einer Anzahl
gelehrter und frommer Priester berathen und die nöthigen
Anordnungen erlassen. Diese Concilien sind die ältesten in
der Kirche, reichen bis in die apostolischen Zeiten hinauf,
wurden in früherer Zeit oft zur Verdammung von Irrlehren
und Feststellung der wahren Lehre der Kirche, häufiger noch
zur Feststellung der Kirchenzucht für Geistliche und Volk be=
nützt. Waren die Bischöfe, die zu solchen besondern Concilien
zusammenkamen, vom Geiste der Kirche beseelt, Heilige, voll
Eifer für die Tugend und das Heil der Seelen, wie meistens
in der ersten Zeit des Christenthums, wie vielfach in späteren
Zeiten; so ist unbeschreiblich viel Gutes auch auf diesen be=
sondern Concilien gewirkt, unbeschreiblicher Segen über das
christliche Volk verbreitet worden. Ganze Bände könnte man
darüber schreiben. Wie viel Großartiges hat der große Apostel
der Deutschen, der heilige Bonifacius durch Kirchenversamm=
lungen in Deutschland, Frankreich und den Niederlanden be=
wirkt, wie viel Mißbräuche ausgerottet, wie viel zur Verbreitung
und Befestigung des Glaubens beigetragen! Wie hat der
schon gerühmte heilige Carl Barromäus durch verschiedene Pro=
vinzialconcilien, die er als Erzbischof mit seinen untergeord=
neten Bischöfen hielt, und die weisen Verordnungen, die darin
gegeben wurden, das Angesicht der Erde in ganz Oberitalien
erneuert! Diese Verhandlungen sind gedruckt und werden ewig
den Beweis liefern, wie viel Gutes ein Mann, der vom Geiste
Gottes getragen ist, zu wirken vermag. Wo würdige Bischöfe
an der Spitze standen, wo die weltliche Regierung diese Con=
cilien nicht zu ihren Zwecken zu benützen suchte, da waren sie

der Kirche bis in die letzte Zeit sehr nützlich. Nur wo etwa ein unwürdiger Bischof an der Spitze stand oder die weltliche Regierung sich an die Stelle der Bischöfe setzen und im Glauben richten wollte, wurden sie in einzelnen Fällen verderblich, dann von der Kirche nicht anerkannt, sondern verdammt. Aber dennoch haben die besonderen Concilien der Kirche stets großen Nutzen gebracht. Deßhalb sind die Bischöfe Deutschlands, nachdem im Jahre 1848 die bis in das Kleinste getriebene Bevormundung der Kirche von Seiten des Staates gefallen war, auch in unserm Vaterlande zu Versammlungen zusammen getreten. Die Bischöfe von ganz Deutschland in Würzburg, die Bischöfe von Oesterreich in Wien, die Bischöfe von Bayern in Freysingen, die Bischöfe der oberrheinischen Kirchenprovinz unter unserm unvergeßlichen Metropoliten in Freiburg, die Bischöfe von Preußen in Cöln. In großer Zahl kamen die Bischöfe Deutschlands zusammen an zwei Orten, die sehr be= zeichnend sind für die Gesinnungen der Bischöfe, nämlich schon dreimal an dem Grabe des Apostelfürsten Petrus und zweimal am passendsten Orte in Deutschland, am Grabe unsers großen Apostels, des heiligen Bonifacius. Auch ein Provinzialconcil ist 1862 in Cöln vom verstorbenen hochverdienten Cardinal v. Geissel und den Bischöfen von Münster, Paderborn, Trier und einigen anderen Bischöfen gehalten worden, welches durch kirchliche Form und kirchlichen Inhalt den Beifall der katholischen Welt in reichem Maße geärntet hat und eines der schönsten kirch= lichen Denkmäler Deutschlands aus dem 19. Jahrhundert bilden wird. So thätig, wie die deutschen Bischöfe, unter denen man be= reits Bekenner für die Sache der Kirche findet, sind auch die eng= lischen, die irländischen, die nordamerikanischen, die französischen Bischöfe gewesen. Besonders in England und Nordamerika schießen die schönsten katholischen Kirchen wie Schwämme aus der Erde hervor, werden Cathedral= oder bischöfliche Kirchen, die mit den Kirchen Roms, Belgiens und dem Cölner Dom wetteifern können, in Menge gebaut. Es werden dort Concilien gehalten, denen der heilige Vater ebenso freudig wie dem oben genannten Cölner Concil die nothwendige kirch=

liche Genehmigung ertheilen kann. Soviel von den Provinzial=
concilien.

Die Nationalconcilien, worin der größte Theil von
Bischöfen einer Nation, Deutschlands, Frankreichs, Englands
zusammenkommen oder solche, in welchen Bischöfe verschiedener
Nationen zusammenkommen, erheben sich in ihrem Ansehen
nicht viel über die Provinzialconcilien, wenigstens ist ihnen,
so groß auch die Anzahl der Bischöfe war, nie von der Kirche
die Unfehlbarkeit beigelegt worden. Auch sie können, wie ein=
fache Provinzialconcilien in einem oder dem andern Punkte
irren, werden dann von der Kirche nicht anerkannt oder ganz ver=
worfen, wenn sie eine ganz unkirchliche Haltung zur Schau trugen.

Welches Ansehen genießen Provinzial=, National= und
andere nicht allgemeine Concilien von alten Zeiten bis auf
uns in der gesammten Kirche? Sowohl im Glauben, als in
der Kirchenzucht gewiß ein sehr großes, doch kein unfehlbares.
Außer dem, was ich im zweiten Punkte des ersten Theiles der
vorigen Predigt gesagt habe, habe ich darüber noch Folgendes
zu bemerken. Wurden besondere Concilien über eine Glaubens=
wahrheit gehalten und zwar verschiedene durch die ganze
Christenheit, im Morgen= und im Abendlande, kam dazu noch
die Stimme des Oberhauptes der Kirche und stimmen diese
Concilien wunderbar unter sich und mit den hervorragenden
Lehrern der Kirche überein; so sind sie als Stimme der ganzen
Kirche zu betrachten und entscheiden gültig über Glaubens=
lehren. So wurde in der Irrlehre der Pelagianer, welche die
Nothwendigkeit der Gnade und die Erbsünde und mittelbar
die Erlösung leugneten, die Entscheidung durch den Papst und
besondere Concilien, den heiligen Augustin und andere Kirchen=
lehrer gegeben, erst später wurde sie durch die allgemeine Kirchen=
versammlung zu Ephesus bestätigt. In gleicher Weise wurde im
zwölften Jahrhundert die Irrlehre des Berengar, der zuerst
die wirkliche Gegenwart Jesu im allerheiligsten Sakramente
leugnete, durch die Stimme des Papstes, durch eine große
Menge besonderer Kirchenversammlungen und durch die Schriften
hervorragender Hirten der Kirche wie aus einem Munde ver=

dammt und niedergeschmettert, ohne daß eine allgemeine Kirchen=
versammlung berufen wurde. Was geschah aber mit besondern
Concilien, wenn sie sich von der wahren Lehre der Kirche ver=
irrten? In diesem Falle wurden sie von dem Papste, von
andern Concilien und den Lehrern der Kirche bekämpft, ver=
dammt und verworfen und sind ohne alles Ansehen in der
Kirche. Noch weniger Ansehen haben solche Versammlungen,
wenn sie von Irrlehrern oder der Irrlehre verdächtigen
Personen berufen wurden. Solche waren die von den Arianern,
Donatisten, Eutychianern, Protestanten, Jansenisten berufenen
Versammlungen. Soviel über die besondern Concilien und ihr
Ansehen in der ganzen Kirche. Wann ist ein Concil allgemein
und welche allgemeine Concilien sind in der katholischen
Kirche schon gehalten worden? Davon das Weitere im
zweiten Theile.

Zweiter Theil.

Wann ist eine Kirchenversammlung eine allgemeine?
Welche Bedingungen müssen dabei erfüllt werden? Wer hat
das allgemeine Concil zu berufen? Wer führt auf demselben
den Vorsitz und hat es zu leiten? Welche Bischöfe müssen auf
demselben erscheinen? Haben die Beschlüsse des allgemeinen
Concils und seine Anordnungen sogleich Gesetzeskraft oder be=
dürfen sie einer besondern Bestätigung seitens des sichtbaren
Oberhauptes der Kirche? Es wird nicht schwer werden uns
mit Hilfe der Geschichte, aber hauptsächlich durch die von
Christus selbst in seiner Kirche angeordnete Regierung sämmt=
liche Fragen zu lösen. Wer hat das Recht eine allgemeine
Kirchenversammlung zu berufen? Wem sind die Bischöfe in
der ganzen Welt in geistlichen Dingen Gehorsam schuldig?
Wer gebietet über Alle? Nur der Nachfolger des heiligen
Petrus, der heilige Vater, das gemeinsame Oberhaupt der
gesammten Kirche. Ihm als Oberhaupt der Kirche steht
zur Berufung der allgemeinen Concilien das unbestreitbare
Recht zu und dieses Recht haben die Päpste auch unter Zu=

stimmung der ganzen Kirche in einer Reihe von allgemeinen Concilien stets ausgeübt. Nur in den erſten allgemeinen Concilien ging dieſe Berufung vom Papſte und den römiſchen Kaiſern aus und wohl deßwegen, weil die römiſchen Kaiſer den berufenen Biſchöfen zu ihrer Reiſe behilflich waren, ſich auch als Schutzherren der Kirche berufen glaubten, zur Unter= drückung der Irrlehre mitzuwirken. Wollte man dieſes Recht der Berufung eines allgemeinen Concils einem weltlichen Fürſten zuſchreiben, ſo würde man ein allgemeines Concil ge= rade unmöglich machen, · da ja ſeit Gründung des Chriſten= thums nie alle Biſchöfe einem weltlichen Fürſten unterworfen waren. Ebenſo wenig kann es beſtritten werden, daß der Papſt als ſichtbares Oberhaupt der Kirche das Recht hat, auf ſolchen Verſammlungen der ganzen Kirche den Vorſitz zu führen oder ſtatt ſeiner Abgeſandte zu ſchicken, welche dies Amt in ſeinem Namen und Auftrage ausüben. Es haben zwar auch auf dem erſten und dritten allgemeinen Concil andere verdienſtvolle Biſchöfe, Hoſius von Corduba, der heilige Cyrillus von Alexandrien, den Vorſitz geführt, allein ſicher mit Einwilligung des Papſtes, der wegen hohem Alter eine ſo weite Reiſe nicht machen konnte. Welche Biſchöfe müſſen zu einem ſolchen Concile berufen werden? Wie der Name des allgemeinen Concils ſchon ſagt, die Biſchöfe der ganzen Welt. Müſſen auch alle Biſchöfe am Orte des Concils erſcheinen? Das iſt nicht nöthig und auch nicht möglich, da manche Biſchofsſitze durch Tod erledigt ſein, andere Biſchöfe durch Krankheit, hohes Alter, ungünſtige Zeitverhältniſſe, wie Krieg, Unruhen, an= ſteckende Krankheiten rechtmäßig gehindert ſein können. Es genügt, daß aus entfernteren Gegenden einige Biſchöfe kommen oder daß ſie die gefaßten Beſchlüſſe als ſolche der ganzen Kirche anerkennen. Die Zahl der Biſchöfe war in einigen allgemeinen Concilien eine nicht ſehr große, in andern war ſie eine ſehr große und erreichte einmal die Zahl von tauſend, der Beiſtand des heiligen Geiſtes, worauf hauptſächlich das hohe Anſehen eines allgemeinen Concils beruht, iſt vom Heiland nicht von vielen und nicht von wenigen Theilnehmern abhängig gemacht worden. Sollen aber die Beschlüsse eines als allgemein berufenen Concils bei der ganzen Kirche Geltung erlangen, so müssen sie vom Oberhaupte derselben bestätigt werden. Bestimmungen, die auch in allgemeinen Concilien berathen waren, aber die Bestätigung des Oberhauptes der Kirche nicht erlangten, sind von der gesammten Kirche nicht anerkannt worden. Diese Bestätigung der allgemeinen Concilien durch das sichtbare Oberhaupt der Kirche findet sich klar ausgesprochen in dem vierten allgemeinen Concil von Chalcedon und dem zweiten von Constantinopel und in den folgenden. Wenn sie in einigen allgemeinen, wie in der nicänischen nicht so genau nachgewiesen werden könnte, so sind uns viele Nachrichten aus jener Zeit verloren gegangen, so haben Hosius von Corduba und die beiden Priester Vitus und Anastasius als Abgesandte des Papstes vor allen andern Bischöfen unterschrieben. Erschienen auch die christlichen Kaiser bei den Concilien, so kamen sie nicht als Theilnehmer an denselben, sondern als Beschützer der Kirche und Ausführer dessen, was von der Kirche auf dem Concile beschlossen wurde.

Welche allgemeine Concilien sind bereits in der Kirche gehalten worden? Die Beantwortung dieser Frage gehört nicht nothwendig in diesen Unterricht. Es gibt aber kaum ein Mittel, die großen Kämpfe, welche die Kirche seit 1500 Jahren gegen die gefährlichsten Irrthümer geführt hat, kurz wie im Spiegel zu zeigen, als diese allgemeinen Concilien. Darum will ich von jedem einige Worte sagen, ihr werdet dadurch meine Behauptung bestätigt finden, daß die Hölle kein Mittel unversucht gelassen hat, das Christenthum zu vernichten und daß längst keine einzige Lehre des Christenthums mehr feststände, wenn die katholische Kirche mit ihren heldenmüthigen Kämpfen nicht dafür eingetreten wäre.

Das erste allgemeine Concil wurde 325 nach Christus in Nicäa, unweit Constantinopel von 318 Bischöfen und den Gesandten des Papstes Sylvester gehalten, viele darunter waren mit Narben geschmückt, hatten die schwersten Verfolgungen der Heiden erbuldet und besaßen die Gabe der Wunder. Verdammt wurde Arius, der die Gottheit Christi leugnete und der größte Theil des Nicänischen Glaubensbekenntnisses festgesetzt, wie es heute noch gebetet wird, während die Arianer, welche durch die Gunst der ihnen gewogenen Kaiser zu hoher Macht gelangten, mehr als 1000 Jahre von Gottes Erdboden verschwunden sind. Es wurde den 13. Juni eröffnet, den 25. August geschlossen. Das zweite allgemeine Concil wurde 381 in der christlichen Kaiserstadt Constantinopel gehalten und darin der Bischof von Constantinopel Macedonius verdammt und abgesetzt, weil er die Gottheit des heiligen Geistes leugnete. Es waren nur 150 morgenländische Bischöfe anwesend, in der Zusammenberufung war dieses Concil nicht allgemein, es wurde aber vom Papste Damasus, was den Glauben anbelangt, bestätigt und als allgemein anerkannt. Wir verdanken diesem Concile bis auf ein Wort das Glaubensbekenntniß, welches in der heiligen Messe gebetet wird. Während das Glaubensbekenntniß der Macedonianer kurze Zeit nach seinem Entstehen verschwunden ist, wird das katholische Bekenntniß noch stets in allen Theilen der Welt gebetet. Es begann im Mai, endigte 31. Juli.

Nachdem der Teufel vergeblich sich bemüht hatte, das Geheimniß der heiligsten Dreifaltigkeit und somit die Grundlage des Christenthums zu untergraben, suchte die Hölle den Glauben an die Menschwerdung des Sohnes Gottes und die Ehre und Würde der seligsten Jungfrau, der Hölle stets ein Stein des Anstoßes, zu vernichten. Nestorius, Patriarch von Constantinopel lehrte, daß die göttliche und menschliche Natur in Jesus Christus nicht in einer göttlichen Person vereinigt seien, wodurch wir nur einen Christus, wahren Gott und wahren Mensch verehren und anbeten, sondern er lehrte, daß Jesus einfacher Mensch gewesen sei, in welchem die Gottheit gewohnt habe, wie der Mensch wohnt in einem Kleide, das er angezogen hat, daß Maria die Himmelskönigin nicht einen Gottmenschen, in welchem die göttliche und menschliche Natur in einer Person

vereinigt seien, sondern einen einfachen Menschen geboren habe
und deßhalb nicht Gottesgebärerin oder Mutter Gottes genannt
werden dürfe. Daß Nestorius mit dieser Lehre das Geheimniß
der Menschwerdung und somit auch die Erlösung des Menschengeschlechtes zerstört, ist Jedem, der die Lehre von der Menschwerdung kennt, klar. Diese Lehre wurde alsbald vom Papste
Cölestin und kurze Zeit nachher im dritten allgemeinen Concile
zu Ephesus, gehalten 431 vom 22. Juni bis 31. Juli, verdammt, Nestorius abgesetzt, die Ehre Christi und seiner reinsten
Mutter durch den Ausspruch der ganzen Kirche feierlich ge-
wahrt. Anwesend waren 200 Bischöfe mit den Gesandten des
Papstes. Noch war die Kirche in heftigem Kampfe mit den
Widerspenstigen begriffen, die sich diesem Urtheile nicht unterwerfen wollten, als ein Mönch Namens Eutyches eine ganz
neue, der des Nestorius entgegengesetzte Irrlehre verbreitete,
daß nämlich in Christus nur eine aus der göttlichen und
menschlichen Natur vermischte und vereinigte Natur sei. Diese
Lehre widerstreitet der Würde der göttlichen Natur, denn in
Gott ist keine Umwandlung möglich. Auch würde daraus
folgen, daß in Christus die göttliche Natur gelitten habe oder
die Wirkungen der Erlösung würden ganz vereitelt. Was ließ
sich anders erwarten, als daß eine so verderbliche Lehre bal-
digst durch den feierlichen Ausspruch der ganzen Kirche un-
schädlich gemacht würde? Das geschah 451 in der Stadt
Chalcedon, Constantinopel gegenüber, wohin 630 Bischöfe mit
drei Abgesandten des Papstes Leo des Großen zusammenkamen. Die reine Lehre der Kirche wurde durch einen mit
großem Beifalle vom Concile aufgenommenen Brief des heiligen
Leo auseinander gesetzt, die Verhandlungen dauerten vom
8. October bis 1. November des Jahres 451.

Die fünfte allgemeine Kirchenversammlung wurde 553 in
Constantinopel unter dem Papste Vigilius gehalten, sie verdammte abermals die Irrlehren des Nestorius und Eutyches,
drei Schriften, die unter dem Namen der drei Capitel bekannt
sind, und verwarf die Irrthümer des Origenes. Anwesend waren
165 Bischöfe, eröffnet wurde es am 4. Mai, am 2. Juni ge-

schlossen und noch in demselben Jahre die von den Bischöfen
nachgesuchte Bestätigung durch den Papst Vigilius ertheilt.
Durch Bestätigung, nicht in der Berufung war es allgemein.
Das sechste allgemeine Concil wurde 680 wiederum zu Con=
stantinopel gehalten und jene Irrlehre verdammt, die in Christus
nur einen Willen lehrte. Diese Irrlehre war eine Schluß=
folgerung aus der Lehre des Eutyches. Zu dem Concile sandte
Papst Agatho drei Abgesandte, es dauerte vom 7. November
680 bis 15. September 681, die Zahl der Bischöfe ist nicht
sicher. Einige zählen 280, Photius 160, ein anderer Schriftsteller
nur 150. Das siebente allgemeine Concil wurde 787 in Nicäa
abgehalten. Es war durch den Papst Hadrian I. mit Zustimmung
des Kaisers zusammenberufen, zählte 350 Bischöfe. Den Vorsitz
Namens des Papstes führte Erzpriester Petrus von St. Peter,
und Petrus, Abt des Klosters des heiligen Saba zu Rom. Es
dauerte vom 28. September bis 31. October und stellte die Bei=
behaltung der Bilder Christi, der seligsten Jungfrau und der
Heiligen und deren Verehrung im Sinne der katholischen
Kirche fest. Das achte allgemeine wurde abermals zu Con=
stantinopel gehalten. Es befaßte sich mit der Spaltung des
Photius, Bischofs und Patriarchen von Constantinopel, der
sich gegen den Papst aufgelehnt und ihm den Vorrang in der
ganzen Kirche streitig gemacht hatte. Es wurde vom Papste
Hadrian II. berufen und währte vom 5. October 869 bis
28. Februar 870. Anwesend waren 102 Bischöfe, zwei Bischöfe
und ein Diacon als Abgesandte des Papstes, die dabei auch
den Vorsitz führten. Photius wurde abgesetzt und der rechtmäßige
heilige Bischof Ignatius trat wieder seine Stelle an. Leider
war die Aussöhnung der griechischen Kirche keine aufrichtige.
Zweihundert Jahre später erneuerte ein Nachfolger des ge=
nannten Photius die Trennung, die bei ganz geringem Unter=
schiede in der Lehre bis zum heutigen Tage fortdauert.
Dieses Concil war das letzte im Morgenlande. Vergeblich
hatte das sichtbare Oberhaupt die Einheit in der Lehre und
die Einigkeit zu erhalten gesucht. Eine große Schuld dieser
Trennung traf die Patriarchen von Constantinopel, die gren=

zenlofen Ehrgeiz zeigten, eine Irrlehre nach der andern herbei=
führten und mit Ausnahme weniger frommer Oberhirten feile
Werkzeuge der chriftlichen Kaifer waren. Größere Schuld
traf noch die Kaifer, die fich oft fehr verkehrt in die kirchlichen
Angelegenheiten mifchten, Gottesgelehrte fein wollten, die
wahre Kirche verfolgten und um ihre fehr elende weltliche
Regierung fich nicht kümmerten, bis endlich feit mehr als
400 Jahren das ganze Morgenland eine Beute des Islams
wurde. Welche heilfame Lehre für unfere Zeit, wenn fie
nicht mit Blindheit gefchlagen wäre! Was thun gewiffe
Staatsmänner, wenn fie fich an die Stelle des Papftes, der
Bifchöfe fetzen, die chriftliche Schule und Ehe vernichten, die
Religion aus dem Herzen der Menfchen reißen, verkehrte Kir=
chengefetze in das Leben rufen? Sie graben einen fchrecklichen
Abgrund des Umfturzes, in dem fie felbft und der fo unchriftlich
geleitete Staat ihren Untergang finden werden.

Hier wollen wir unfere Betrachtung fchließen, indem wir
uns einen kurzen Ueberblick über die noch rückftändigen eilf
allgemeinen Concilien für die nächfte Predigt vorbehalten,
dem fich dann die weitere Belehrung über die allgemeinen
Concilien anfchließen wird. Viele und große Kämpfe hat die
Kirche im Morgenlande beftanden, größere noch im Abend=
lande glücklich zu Ende geführt. Wenn die Hölle von allen
Seiten tobte und wüthete, alle böfen Geifter zum Kampfe
gegen die Kirche entfeffelt fchienen; hat ein allgemeines Concil
oft eine ganz wunderbare Wendung herbeigeführt und das
von den Wogen der Zeit umhergefchleuderte Schiff der Kirche
in den fichern Hafen der Ruhe gelenkt. Eine folche Zeit ift
dermalen abermal für die Kirche angebrochen. Auch unter
katholifchen Nationen hat die Kirche vielfach ihren Schutz
verloren, Niemand fchützt fie, vielmehr feinden fie Alle an.
Nur Einer ift, der für fie kämpft, Einer der fie fchützt,
Einer, der fie leitet, der Geift der Wahrheit, der fie be=
fonders in allgemeinen Kirchenverfammlungen in alle Wahrheit
einführt, Einer ift, der fie nie verläßt, da er verfprochen
hat, bei ihr zu bleiben alle Tage bis zum Ende der Welt,

der sie nicht auf Sand, sondern auf einen Felsen gegründet hat, daß die Mächte der Hölle sie nicht überwältigen werden. Denn Himmel und Erde werden vergehen, aber die Worte des Herrn werden nicht vergehen, nachdem sie sich achtzehnhundert Jahre untrüglich bewiesen haben, werden sie untrüglich fortbestehen in Ewigkeit. Amen.

V.

Wenn er aber die Kirche nicht hört; so sei er dir wie ein Heide und
öffentlicher Sünder. Matth. 18, 17.

Ich habe beim letzten Unterrichte gesprochen von den verschiedenen Gattungen von Kirchenversammlungen, bereits habe
ich auch zu den allgemeinen Kirchenversammlungen die ein-
leitenden Vorbemerkungen gemacht, euch gezeigt, aus welcher
Veranlassung die acht ersten allgemeinen Kirchenversammlungen
im Morgenland gehalten worden sind. Allein ungeachtet die
sichtbaren Oberhäupter der Kirche eine ganz besondere Sorgfalt
dem Morgenlande als der Wiege des Christenthums zuge-
wendet haben; ging es durch die Verkehrtheit der Menschen
und Gottes gerechte, wenn auch unerforschliche Zulassung, für
die katholische Kirche größtentheils verloren, indem ein großer
Theil dem muhamedanischen Unglauben, ein anderer der un-
glückseligen achthundertjährigen Spaltung anheimfiel, nur ein
kleiner Theil der Kirche treu blieb. Ist die Kirche durch diesen
Verlust zu Grund gegangen? Nein! Sie hat zwar bis heute
diesen Abfall tief beklagt, ist aber nicht zu Grunde gegangen,
ihr Fortbestand bis zum Ende der Zeiten wurde nicht im
mindesten gefährdet, sie hat vielmehr durch Bekehrung der
nördlichen Reiche Europa's, später durch Bekehrung Amerika's,
durch Bekehrungen in Ostindien und Japan reiche Entschä-
digung gefunden. Ist die Kirche, auf das Abendland beschränkt,
weniger von Kämpfen heimgesucht, weniger angefeindet worden?
Es sind im Gegentheil weit größere Gefahren über sie herein-
gebrochen, sie hat die furchtbarsten Kämpfe zu bestehen gehabt.

Diesen Gefahren ist sie meistens mit einem allgemeinen Concile
entgegen getreten. Die Geschichte dieser allgemeinen Concilien
gewährt uns den besten Einblick in die Kämpfe, die von der
Kirche geführt worden sind, und deßhalb wollen wir heute so
kurz wie möglich die Veranlassung und den Verlauf der eilf
im Abendlande gehaltenen allgemeinen Kirchenversammlungen
kennen lernen. Das soll geschehen im ersten Theile unserer
Betrachtung. Warum aber haben diese allgemeinen Kirchen=
versammlungen so wunderbar geholfen? Welchen Werth legt
die gesammte Kirche den Entscheidungen allgemeiner Kirchen=
versammlungen bei? Sie hält dieselben für unfehlbar, für
Aussprüche Christi und des heiligen Geistes, die allgemeinen
Concilien entscheiden in feierlichster Weise über Glaubens= und
Sittenlehren. Worauf gründet sich dieser Glaube von der
Unfehlbarkeit allgemeiner Concilien? Ist er nicht erfunden,
ist er gegründet in der heiligen Schrift, im christlichen Alter=
thum? Worüber erstreckt sich diese Unfehlbarkeit der Kirche
in allgemeinen Concilien? Sehet da ganz wichtige Fragen,
die uns im zweiten Theile unserer heutigen Betrachtung be=
schäftigen sollen. Wir werden demnach im ersten Theile dieser
Unterweisung einen kurzen Ueberblick der eilf letzten allgemeinen
Concilien zu gewinnen suchen, im zweiten Theile die Unfehl=
barkeit der allgemeinen Concilien nachweisen. Sehet da den
Gegenstand unserer Betrachtung.

Erster Theil.

Wie traurig die Verhältnisse der katholischen Kirche im
Morgenlande am Ende des neunten Jahrhunderts auch waren,
da die Türken eine christliche Provinz nach der andern an sich
rissen und so sehr der Ehrgeiz der Patriarchen von Constan=
tinopel wuchs, bis er endlich die Trennung der griechischen
Kirche von der lateinischen bewirkte; so war auch im Abend=
lande die Kirche durch die Schuld der deutschen Kaiser und
anderer Monarchen in einer sehr traurigen Lage. Dieselben
verkauften vielfach die höchsten Würden der Kirche, wie Bis=
thümer, Abteien und andere einträgliche Kirchenämter an un=

würdige Diener des Heiligthums für Geld, wiesen sie dann mit den Zeichen der geistlichen Gewalt, Ring und Stab, in ihr Amt ein. Dieses Laster heißt, wie ihr wisset, Simonie, ist mit dem Banne der Kirche belegt. Was war die Folge dieser unwürdigen Besetzung der wichtigsten Kirchenämter? Eine große Sittenlosigkeit bei den Geistlichen und bei dem Volke. Ihre heiligste Pflicht gebot den Päpsten sich aus allen Kräften diesem gottlosen Treiben zu widersetzen. Fünfzig Jahre dauerte der heftigste Streit, besonders unter dem heiligen Papste Gregor VII. und den beiden Kaisern Heinrich IV. und Heinrich V., bis er endlich unter dem zweiten Nachfolger des heiligen Gregor durch das neunte allgemeine Concil im Lateran zu Rom geendigt wurde. Dies geschah im Jahre 1123. Der Kaiser wurde von der Excommunication, in welche er wegen Simonie verfallen war, losgesprochen. Der Papst führte den Vorsitz, die Zahl der Bischöfe betrug 300, eröffnet wurde es am 15. März. Auch die Kreuzzüge zur Befreiung des heiligen Landes und Spaniens wurden empfohlen.

Schon sechzehn Jahre nachher 1139 berief der Papst Innocenz II. eine zweite allgemeine Kirchenversammlung nach Rom im Lateran. Verdammt wurde Peter von Bruis wegen einiger nicht unbedeutender Irrthümer, desgleichen Arnold von Brescia wegen Uebertreibung, dann verschiedene Verordnungen über Kirchenzucht erlassen. Anwesend waren bis 1000 Väter unter Vorsitz des Papstes. Vierzig Jahre später, unter dem Papste Alexander III. 1179 wurde vom 5. bis 19. März das dritte Lateranensische Concil, in der Reihe der allgemeinen das eilfte, gefeiert. Es kamen zusammen 300 Bischöfe unter Vorsitz des Papstes. Um den Spaltungen in der Papstwahl vorzubeugen, wurde hier bestimmt, daß zur Erwählung des Papstes zwei Drittheile der Stimmen der Cardinäle sich vereinigen müßten, welche Art den Papst zu wählen noch heute besteht. Aus der Kirche ausgeschlossen wurden die Waldenser und Albigenser, eine manichäische Secte, die unter andern auch die Auferstehung des Fleisches leugnete und viele, doch nicht alle Irrthümer der Protestanten bekannte. Auch erließ es sieben und zwanzig canonische Vorschriften verschiedenen Inhalts. Sechs und dreißig Jahre später hielt Papst Innocenz III. im Jahre 1215 das zwölfte allgemeine Concil zu Rom ab vom 10. bis 30. November. Verdammt wurden abermal die Albigenser, die viele Aehnlichkeit in ihrem Treiben mit den heutigen religiösen und politischen Wühlern haben. Anwesend waren 412 Bischöfe, die Patriarchen von Constantinopel und Jerusalem und die Gesandten der Patriarchen von Alexandrien und Antiochien, 12 Aebte, 800 Vorsteher von Klöstern und Abgesandte fast aller Regenten Europa's. Gebeten wurde um Hilfe für das heilige Land und siebenzig Kirchengesetze erlassen, darunter auch die beiden bekannten Kirchengebote über die österliche Beicht und Communion.

Die folgenden vier allgemeinen Concilien von 13 bis 17 wurden in unserer Nähe abgehalten, die drei ersten in Frankreich, das sechzehnte in Deutschland. Das dreizehnte allgemeine Concil, wurde berufen von dem hundertjährigen Papst Gregor IX., aber gehalten von Innocenz IV. zu Lyon in Frankreich 1245 vom 28. Juni bis 17. Juli. Hier wurde Friedrich II., mit dem Beinamen Rothbart, wegen seinem kirchenfeindlichen Benehmen von der Kirchengemeinschaft ausgeschlossen, Unterstützung für das heilige Land beschlossen, siebenzehn verschiedene Kirchengesetze erlassen. Hier erhielten die Cardinäle zum ersten Male rothe Kleider und Hüte. Auch die Octav von Maria Geburt wurde hier angeordnet. Anwesend waren 140 Bischöfe, die Patriarchen von Constantinopel, Antiochien und Aquileja. Der Papst führte den Vorsitz. Das vierzehnte allgemeine wurde schon nach 29 Jahren 1274 nach Lyon in Frankreich durch Gregor X. berufen. Zugegen waren der Papst selbst, 500 Bischöfe, 70 Aebte, etwa 1000 andere Prälaten unteren Ranges. Der Zweck war ein dreifacher. Erstens die Vereinigung der lateinischen und griechischen Kirche, welche auch erreicht wurde, dann wurde Unterstützung für die Christen im gelobten Lande beschlossen, endlich Bestimmungen über die Kirchenzucht erlassen. Der Papst führte den Vorsitz.

Es begann den 7. Mai und endigte den 19. Juli desselben Jahres. Auf demselben starb der heilige Bonaventura und der heilige Thomas auf dem Wege dahin. Das fünfzehnte allgemeine Concil wurde 1311 zu Vienne gehalten. Die Zahl der Bischöfe wird verschieden angegeben, Einige nennen 300, Andere 114. Der Papst selbst hatte den Vorsitz, es begann den 16. October und endigte den 10. Mai 1312. Der Papst willigte in die Auflösung des Templerritterordens, verschiedene weniger bekannte Irrlehren wurden verdammt und mehrere Kirchengesetze erlassen. Indem Clemens V. seinen Sitz in Avignon in Frankreich aufschlug, wurde der erste Grundstein zu einer späteren Spaltung gelegt, welche lange die Kirche beunruhigte und die traurigsten Folgen hatte. Diese Spaltung, die darin bestand, daß die Cardinäle sich theilten und an mehreren Orten Päpste erwählten, führte zu der sechzehnten allgemeinen Kirchenversammlung, welche 1414 in der Stadt Constanz am Bodensee zusammentrat und bis 1418 währte. Diese Versammlung setzte zwei dieser zweifelhaften Päpste ab, einer davon, Gregor XII. legte freiwillig sein Amt nieder. Es wurde dann als rechtmäßiger Papst Martin V. gewählt. Dann wurden die Lehren von Wicleff aus England und des Johann Huß aus Böhmen verdammt, welche theilweise sehr verderbliche Sätze enthielten. Martin V. bestätigte nur diejenigen Beschlüsse, welche den Glauben anbelangten. Den Feinden des Papstes ist besonders ein in der vierten und fünften Sitzung gefaßter Beschluß sehr willkommen, worin das Concil sich über jede Gewalt, selbst die des Pastes erhebt. Allein dieser Beschluß wurde nur von einem Theile der Bischöfe gefaßt, ihm wurde von den Cardinälen widersprochen, dann bezieht er sich auf Beendigung der herrschenden Spaltung. Ueber dem zweifelhaften Papste steht das Concil, nicht aber über dem rechtmäßigen Papste. Der ebenso gelehrte, als fromme Möhler nennt die Meinung, daß der rechtmäßige Papst einem allgemeinen, rechtmäßig berufenen Concile untergeordnet sei, eine Einseitigkeit, welche, folgerichtig durchgeführt, die Kirche mit Vernichtung bedrohte. Diese schroffe Ansicht kann als eine bereits verschollene betrachtet

werden. So Möhler. Dieser eine Möhler kann uns mehr
gelten als hundert schlechte Bücher, wie der in Leipzig erschienene
Janus, welcher diese alte, verschollene, der Kirche den Untergang drohende, revolutionäre Meinung mit großer Blindheit
und mit noch größerer Bosheit gegen den päpstlichen Stuhl
wieder aufgewärmt hat. Wahrscheinlich komme ich in der
Predigt vom Papste nochmal auf denselben Gegenstand zurück.

Wir haben vor dem Concil von Trient noch zwei allgemeine Kirchenversammlungen anzuführen. Eine wurde zwar
von Eugen IV. 431 nach Basel zusammenberufen, da sie aber
eine ganz unkirchliche Haltung annahm, sogar einen Gegenpapst
erwählte, so wurde der päpstliche Legat abberufen, das Concil
437 nach Ferrara verlegt, nur mehrere in Basel gefaßte
Glaubensentscheidungen wurden bestätigt. In Ferrara wurden
mehrere Sitzungen gehalten, dann trat das Concil wegen der
daselbst ausgebrochenen Pest in Florenz zusammen. Es wurde
hauptsächlich die Vereinigung der griechischen Kirche mit der
lateinischen verhandelt und auch bewirkt, sie war aber nur bei
einigen von Dauer, die Meisten fielen wieder ab. Auch die
schismatischen Armenier wurden nach Ablegung der Ketzerei
des Eutyches in die Gemeinschaft der Kirche aufgenommen,
später noch von demselben Papste Jakobiten, Maroniten und
ein Theil Nestorianer, die Aethiopier mit der Kirche vereinigt.
Sehet, daß nicht allein Pius IX. die Rückkehr der Irrenden
in den Schooß der katholischen Kirche betreibt. Dafür müßte
ihn die Welt nicht schmähen, sondern ihm dankbar sein. Eine
weitere allgemeine Kirchenversammlung nach Rom in Lateran
wurde berufen von Julius II. und fortgesetzt von Leo X., sie
währte beiläufig fünf Jahre und beschäftigte sich mit Verbesserungen der Sitten, mit Ausrottung von Spaltungen,
verdammte den Uebergriff weltlicher Herrscher in das geistliche
Gebiet. Eröffnet wurde das Concil 3. Mai 1512, geschlossen
16. März 1517, also unmittelbar vor dem Ausbruche der Re-
formation am 31. October 1517.

Werfen wir, eh' wir weiter gehen einen Blick auf den
Zeitpunkt vom Jahre 1123 bis zur traurigen Zeit der Re-

formation, an deren politischen und kirchlichen Folgen wir
noch leiden, und zählen die allgemeinen Kirchenversammlungen
dieses Zeitraumes; so muß jeder Unparteiische gestehen, daß
die Päpste es nicht an Gelegenheit haben fehlen lassen, die
Bedürfnisse der ganzen Kirche zu berathen und die nöthigen
Anordnungen dafür zu treffen. Dasselbe geschah noch weiter
in einer großen Menge kleinerer Concilien. Am Glauben der
Kirche wurde nichts geändert, er wurde nur bei neu auftauchenden Irrthümern mit neuen Worten erklärt, aber die
Wesenheit blieb dieselbe. Auch die Kirchenzucht war, obgleich
viel gegen die Strenge der ersten Jahrhunderte gemildert,
wesentlich die alte, beruhte auf den alten Grundsätzen. Um den
Glauben rein zu halten, die Kirche nicht von der Willkür tyran-
nischer Herrscher erdrücken zu lassen, die Reinheit der christlichen
Ehe und die Würde des geistlichen Standes durch ein sitten-
reines Leben zu wahren, griffen die Päpste auch gegen Kaiser
und Könige zu den stärksten Waffen der Kirche, Excommunication, Interdict (Verbot eines Theiles des Gottesdienstes).
Wie viel ist deßhalb über manche Päpste von schlechten Katholiken und Protestanten geschimpft und geschmäht worden!
Doch mit Unrecht. Die Welt wäre durch Sittenlosigkeit, durch
die Tyrannei der Fürsten, das Joch der Türken zu Grunde
gegangen, von der christlichen Ehe wäre keine Spur übrig geblieben, wenn die Päpste anders gehandelt hätten. Ueberhaupt
hat man es in diesem ganzen Zeitraum nicht am richtigen
Glauben, nicht an guten Vorschriften für das christliche Leben
fehlen lassen. Rissen demungeachtet mancherlei Mißbräuche bei
den Geistlichen und dem Volke ein; so geschah es, weil man
vielfach sich über die Glaubens- und Sittengesetze der Kirche
wegsetzte. Wie sollte und konnte die nothwendige Abstellung
dieser Mißbräuche bewirkt werden? Daß Geistlichen und Volk
nicht bloß mit dem Munde den Glauben bekannten, sondern
ihn auch in Werken übten. Ueberhaupt war die der Kirche
nothwendige Verbesserung eine Verbesserung der Sitten. Jeder
hätte sie am besten bei sich selbst angefangen. Nach dieser
sittlichen, christlichen, von der Kirche gewünschten Verbesserung

scheinen Jene, welche am Meisten darnach schrieen, keine Lust
gehabt zu haben. Es begann leider in unserm Vaterlande
ein Umsturz im Glauben und in Folge davon eine sittliche
Verkommenheit, wie sie frühere Jahrhunderte nie gekannt
haben.

Dieser große Umsturz im Glauben, von Luther im Jahre
1517, den 31. October begonnen, griff aller Gegenmittel in
Reichstagen, Zusammenkünften, der Bemühungen des Papstes
und seiner Gesandten ungeachtet, stets weiter um sich, führte
zum Abfall von halb Deutschland, von Dänemark, Schweden,
Holland, England, einem Theile von Frankreich, der Schweiz,
Ungarn und Polen. Welches Mittel sollte die Kirche gegen
solche Gefahren ergreifen? Ein allgemeines Concil; so ging
das Losungswort durch die Christenheit. Aber wo es zusammenrufen? In Rom und ganz Italien sollte es nicht sein,
so verlangten die Deutschen. Wie aber ein Concil in Deutschland halten, in so unruhigen Zeiten? Wie ein Concil zu-
sammenbringen, da Kaiser Karl V., Beherrscher von Deutschland, Spanien, dem Königreiche Neapel und den Niederlanden
und Franz I. König von Frankreich, also beinahe die ganze
übrig gebliebene katholische Christenheit in stetem Kriege lebten?
Was den Katholiken recht war, wiesen die Protestanten zurück.
Endlich einigte man sich über den Versammlungsort, wählte
die seit dem so berühmt gewordene Stadt Trient in Tyrol.
Die Kirchenversammlung wurde am 13. Dezember 1545 unter
Paul III. eröffnet. Es konnten aber nur sieben Sitzungen
gehalten werden, worin wichtige Glaubenswahrheiten entschieden
und Vorschriften über die Kirchenzucht erlassen wurden. Es
kam die Pest nach Trient und so zog ein Theil der Väter nach
Bologna im Kirchenstaate, wo das Concil nach mehreren ver-
legten Sitzungen 1547 den 14. September sich auflösete. Erst
am 1. Mai 1551 kam es wieder unter Julius III. zusammen,
mußte aber schon am 28. April 1552 wegen dem in Deutschland ausgebrochenen Kriege wieder auseinander gehen. Eröffnet wurde es zum dritten Male unter Pius IV. am
18. Januar 1562 und nach neun Sitzungen geschlossen am

4. Dezember 1563, von demselben Pius IV. bestätigt und der katholischen Christenheit alsbald verkündigt. Der Zeitraum vom Zusammentritt des Concils von Trient bis zu seinem Schlusse umfaßt beinahe volle achtzehn Jahre, versammelt waren die Väter unter drei Päpsten vier Jahre, sechs Monate, vierzehn Tage. Das Concil von Trient ist unstreitig das größte und wichtigste unter allen allgemeinen Concilien der Kirche, ein Meisterwerk in den Entscheidungen über Glaubenswahrheiten und in seinen Decreten über Sittenverbesserung, es hat eine große Anzahl von Mißbräuchen mit der Wurzel ausgerottet, die segensreichsten Einrichtungen getroffen, ich nenne darunter nur die so nothwendige und segensreiche Errichtung von Seminarien zur Ausbildung des Klerus. Den reichsten Segen hat es der Christenheit gebracht und wirkt noch bis zum heutigen Tage in allen Theilen der katholischen Welt. Wie viel größer wäre dieser Segen gewesen, wenn Fürsten und Völker dahin gewirkt hätten, es mit der Genauigkeit durchzuführen, mit der es der heilige Carl Barromäus in seiner Erzdiözese durchgeführt und die er von Grund aus umgewandelt hat! Wie viel Zank, wie viel Blut wäre gespart worden, wie ganz anders wären die moralischen und politischen Zustände der Welt, wenn man die Glaubens- und Sittenlehren und die vom Concile gemachten Vorschriften zur Grundlage der Staaten gemacht hätte! Am Schlusse wurde das Concil von Trient von 255 stimmberechtigten Vätern unterzeichnet. Soviel als kurzer Ueberblick über alle bis jetzt gehaltenen Kirchenversammlungen. Welches Ansehen genießen die allgemeinen Concilien? Worauf gründet sich ihr Ansehen? Worauf erstreckt sich die Unfehlbarkeit der Kirche? Sehet da noch einige wichtigen Fragen für den zweiten Theil.

Zweiter Theil.

Welches Ansehen genießen die allgemeinen Kirchenversammlungen in der Kirche? Sie sind in ihren Entscheidungen über Glaubens- und Sittenlehren unfehlbar, wie ich euch bereits gesagt habe und wie es stets von der katholischen Kirche ist

gelehrt worden. Unter allgemeinen Concilien versteht man
solche, an denen die oben aufgezählten Bedingungen erfüllt
werden oder doch solche, welche später als allgemeine Concilien
von der Kirche und ihrem Oberhaupte sind anerkannt worden,
obgleich sie bei ihrer Zusammenberufung und Feier nicht all=
gemein waren, wie dies namentlich gilt von dem zweiten und
fünften allgemeinen Concile. Sind aber die von allen wahren
Katholiken geforderten Bedingungen vorhanden; so sind sie
als unfehlbar und ihre Entscheidung ist stets als die feier=
lichste Entscheidung in Glaubens= und Sittenlehren angesehen
worden.

Worauf beruht der Glaube an diese Unfehlbarkeit? Er
hat zur Grundlage alle jene untrüglichen Verheißungen des
ewigen Sohnes Gottes, welche er der Kirche, ihrem Ober=
haupte und der gesammten Schaar der Jünger so feierlich ge=
geben hat. Der Heiland hat verheißen, wo zwei oder drei in
meinem Namen versammelt sind, da bin ich mitten unter ihnen.
Wie viel mehr muß der Heiland bei den vielen Hirten sein,
die auf einem allgemeinen Concile aus allen Gegenden der
Welt mit so vieler Mühe und so schweren Opfern mit ihrem
Haupte zu Entscheidungen zusammen kommen, die mit dem
Seelenheile der Gläubigen im engsten Zusammenhange stehen!
Könnte die Kirche auf allgemeinen Concilien irren, eine Lüge
für Wahrheit, eine Unsittlichkeit für Tugend ausgeben; so
könnte der Sieg der Hölle nie ein feierlicher, nie ein vollstän=
digerer sein, als auf einem solchen allgemeinen Concile. Wäre
dann aber die Kirche nicht auf den Sand menschlicher Meinungen
gebaut, statt auf einen unüberwindlichen Felsen, wie es der
Herr verheißen hat? Wo bliebe dann die Verheißung des
Herrn: Die Pforten der Hölle sollen sie nicht überwältigen?
Wie könnte dann die Kirche nach dem Ausspruche des Apostels
eine Säule und Grundfeste der Wahrheit sein? Der Heiland
hat der Kirche versprochen, mit seiner Gnade, Erleuchtung,
seiner Führung bei ihr zu bleiben, bis sie ihre Sendung auf
Erden am Ende der Tage vollbracht hat. Wie könnte er
dieses Versprechen vergessen, wie es unerfüllt lassen? Was

also die gesammte Kirche auf einem allgemeinen Concile lehrt, das lehrt sie gleichsam durch den Mund Christi. Der Heiland hat der Kirche befohlen, das Evangelium, seine reine, unverfälschte Lehre, allen Geschöpfen zu verkündigen, sie Alles zu lehren, was er ihnen befohlen habe. Wie könnte die Kirche die reine Lehre Christi verkünden, wenn sie selbst auf einer allgemeinen Kirchenversammlung nicht sicher und unfehlbar zu ermitteln wäre? Wäre ihr dann nicht vergeblich der heilige Geist verheißen, der sie in alle Wahrheit einführen und bei ihr bleiben soll in Ewigkeit? Wie könnte der heilige Geist nach einer so glänzenden Verheißung je seine Obliegenheit vergessen, und die Kirche, also auch eine allgemeine Kirchenversammlung, nicht an das erinnern, was Christus seine Apostel gelehret hat? Der Beistand des heiligen Geistes altert nicht, er nimmt nicht ab. Auch die heutige Vaticanische Kirchenversammlung kann von jedem giltig gefaßten Beschluß sagen, wie das Concil der Apostel: Es hat uns und dem heiligen Geiste gefallen, dieses zu beschließen. Sehet, warum allgemeine Concilien ein so großes Ansehen in der Kirche genossen haben. Ihre Beschlüsse in Glaubens- und Sittenlehren sind die Stimme der ganzen Kirche, die Lehre Christi, die Aussprüche des heiligen Geistes, daher ohne Trug und Irrthum, also unfehlbar.

Worauf beruht der Glaube an die Unfehlbarkeit allgemeiner Kirchenversammlungen in Glaubens- und Sittenlehren und was damit zusammenhängt? Er beruht auf dem steten und festen Glauben der ganzen heiligen katholischen Kirche. War einmal eine Entscheidung in Glaubenssachen auf einer allgemeinen Kirchenversammlung endgiltig gegeben und vom sichtbaren Oberhaupte der Kirche bestätigt; so ist diese Entscheidung nie mehr umgeändert, nie zurückgenommen worden, man hat an ihr als einem Ausspruche Christi und des heiligen Geistes unverbrüchlich fest gehalten und sie in den folgenden allgemeinen und gar vielen besondern Kirchenversammlungen laut bekannt. Bekannt ist, daß die ersten vier allgemeinen Concilien mit ihren Beschlüssen eben so heilig und unverletzlich angesehen wurden, wie die vier Evangelien. Da auch nach

5*

dem im allgemeinen Concile gefällten Urtheile der ganzen Kirche
die Abtrünnigen nicht sogleich ihre Irrthümer aufgaben; son=
dern sie mit Gewalt durchzusetzen suchten und der Kirche die
schwersten Kämpfe bereiteten, mit welchem Heldenmuthe haben
die hervorragendsten Hirten der Kirche, ein heiliger Athanasius,
Hilarius, Ambrosius, Basilius, Gregor von Nazianz und Nyssa
und tausend andere gekämpft für die Entscheidung des Concils
von Nicäa und für den Glauben, daß der Sohn einer Wesenheit
sei mit dem ewigen Vater! Wie entschieden hat der heilige
Cyrillus von Alexandrien für die dritte allgemeine Kirchen=
versammlung gekämpft, der heilige Leo und viele andere her=
vorragende Lehrer für die vierte allgemeine! Wie haben alle
großen Heiligen des sechzehnten Jahrhunderts, alle hervor=
ragenden katholischen Lehrer, entschieden festgehalten an der
Entscheidung der Kirche von der Gegenwart Jesu im aller=
heiligsten Sakramente, der Verwandlung des Brodes in den
Leib, des Weines in das Blut Jesu Christi! Wie viele haben
für die Gottheit Christi, wie Viele für andere katholische
Glaubenswahrheiten ihr Leben geopfert! Wie viele andere
Unbilden haben die Katholiken in den Verfolgungen der Ari=
aner und Protestanten erduldet. Wie viele katholische Priester
und Gläubigen sind in Holland, in England und anderwärts
für die wirkliche Gegenwart Jesu im allerheiligsten Sakramente
des glorreichsten Martyrertodes gestorben! Für die Gottheit
Christi, die Gegenwart Jesu im allerheiligsten Sakramente,
die Ehre der Mutter Gottes hat es Gott selbst an Wundern
zur Bestätigung kirchlicher Entscheidungen nicht fehlen lassen.
Da wir also den heiligen Stempel der Unfehlbarkeit allen in
allgemeinen Kirchenversammlungen, welche die Kirche als solche
angenommen, aufgestellten Entscheidungen über Glauben und
Sitten von Allen aufgedrückt finden; so wollen auch wir ebenso
entschieden wie ein Athanasius, Basilius, Chrysostomus, Am=
brosius, Augustinus, Gregor, wie der heilige Bernhard und
Thomas, der heilige Carl Borromäus, Ignatius, Franz von
Sales, der glorreiche Apostel von Indien und Japan an den
unfehlbaren Entscheidungen der Kirche im Leben und im Tode,

in Worten, mehr aber noch in Wandel und Werken fest=
halten.

Die Entscheidungen der Kirche in allgemeinen Concilien
müssen unfehlbar sein. Wer sagt uns das? Die vom Lichte des
Glaubens erleuchtete gesunde Vernunft. Wenn zwei Feinde der
Wahrheit über eine Sache sprechen, wenn zwei Protestanten einen
Glaubenssatz behandeln; so finden sich so viele Reden, als
Köpfe. Wie sollten aber dann dreihundert, sechshundert Hirten
der Kirche aus aller Herren Länder, aus allen Völkern, Zungen
und Sprachen bis auf ganz wenige auf das genaueste in der=
selben Glaubenswahrheit übereinstimmen, als hätten sie einen
Sinn, ein Herz, eine Sprache; wenn diese Glaubenswahrheit
nicht aus Christi Mund geflossen, von den Aposteln überall
unverändert wäre gepredigt und von dem heiligen Geiste rein
von aller menschlichen Entstellung wäre erhalten worden. Nur
die Wahrheit, nur so erhabene Wahrheiten, wie das Christen=
thum, konnten sich unter der Obhut Christi und des heiligen
Geistes an allen Orten, zu allen Zeiten, so rein und unver=
fälscht erhalten, wie es bei allen Wahrheiten des Christenthums
der Fall ist. Nur die Wahrheit bleibt sich gleich, nur sie be=
steht, die Lüge widerspricht sich und gräbt sich selbst ihr Grab.

Worauf beruht die Unfehlbarkeit der Kirche in allgemeinen
Concilien? Auf dem Beistande Christi und des heiligen Geistes,
nicht auf der Gelehrsamkeit und Frömmigkeit der Bischöfe, nicht
auf der Gründlichkeit der angestellten Untersuchungen, nicht
auf der Schärfe und Richtigkeit des Beweises. Alles dieses
wird nicht vernachlässigt, besonders müssen die Bischöfe viel
und demüthig beten, es ist aber nicht der Grund der richtigen
Entscheidung. Jeder Bischof tritt als Zeuge des Glaubens
seiner Kirche, als Richter im Glauben auf, jeder trägt zur
Entscheidung bei, aber das Gesammtresultat lenkt ein Anderer,
Christus, der heilige Geist, halten es in Händen, es ist mehr
göttlich als menschlich, deßhalb unfehlbar und wie die Kirche
von ewiger Dauer.

Hier müssen wir noch eine weitere Frage stellen: Worauf
erstreckt sich die Unfehlbarkeit der Kirche? Auf die göttliche

Offenbarung oder auf Glaubens= und Sittenlehren und die=
jenigen Wahrheiten, welche mit dem Glauben und den Sitten
in engster Verbindung stehen. Die Kirche muß also in allge=
meinen Concilien und bei anderen Gelegenheiten nothwendig
unfehlbar sein in Beurtheilung von Sätzen, die in verschiedener
Weise den Glauben und die Sitten verletzen oder gefährden.
Wäre sie hierin nicht unfehlbar, so wäre die Unfehlbarkeit das
nutzloseste Geschenk, welches Christus seiner Kirche gemacht
hätte. Aus demselben Grunde wäre die Unfehlbarkeit der
Kirche ganz werthlos, wenn sie nicht unfehlbar über schlechte
Bücher urtheilen und entscheiden könnte, daß diese und jene
Irrthümer darin enthalten sind. Wäre es dann der Kirche
nicht ganz unmöglich, ihre Gläubigen vor dem Gifte des Irr=
thums zu bewahren? Werden die Irrthümer ja oft höchst
versteckt angebracht und in Schafskleider gehüllt. Wie könnte
die Kirche ihre Schafe auf gesunde Weide führen, wenn sie
das Gift nicht aufzudecken im Stande wäre? Die Kirche hat
sich auch diese Unfehlbarkeit stets beigelegt und davon in allen
Jahrhunderten den heilsamsten Gebrauch gemacht. Dann
muß die Kirche bei allgemeinen Kirchengesetzen, bei Anordnungen
im Gottesdienste in dem Sinne unfehlbar sein, daß diese An=
ordnungen in der Kirchenzucht oder dem Gottesdienste noth=
wendig mit der geoffenbarten Glaubens= und Sittenlehre im
Einklang stehen müssen. Dagegen macht die Kirche keine An=
sprüche 'auf Unfehlbarkeit in natürlichen Wissenschaften, in
Politik, sie überläßt der Welt bereitwillig die weltlichen Dinge.
Ja noch mehr! Selbst die Beweisführungen der Kirche zur
Begründung eines Glaubenssatzes sind nicht unfehlbar, sondern
der Glaubenssatz und die Entscheidung der Kirche allein, mag
dieselbe auf einem allgemeinen Concile oder in einer andern
giltigen Weise gegeben sein.

Hier wollen wir schließen. Seien wir also dankbar der
Kirche, ihren sichtbaren Oberhäuptern, den Bischöfen, daß sie
zu allen Zeiten unter Leitung Christi und des heiligen Geistes
mit unzähligen Mühen und Sorgen, unter unzähligen Kämpfen
für die Reinheit der Glaubens= und Sittenlehre eingetreten

sind. Dies geschah mit besonderer Feierlichkeit und besonderem Nachdruck in allgemeinen Kirchenversammlungen. Die Ent= scheidungen derselben über Glauben und Sitten sind allzeit als unfehlbar angesehen worden. Dieser Glaube beruht auf den so klar ausgesprochenen Verheißungen Christi, er ist der Glaube der Kirche in allen christlichen Jahrhunderten gewesen, er gründet sich auf das Licht der gesunden Vernunft. Gestützt auf diesen Glauben hat die Kirche, haben die Heiligen und alle wahren eifrigen Kinder der Kirche alle Gefahren und Umwälzungen der Zeit überwunden, alle Hindernisse des Heils beseitigt, sind von Tugend zu Tugend emporgestiegen und durch einen sanften seligen Tod zur ewigen Herrlichkeit gelangt. Möge uns durch denselben Glauben dasselbe glückliche Loos für die Zeit und Ewigkeit beschieden sein! Amen.

VI.

Da verſammelten ſich die Apoſtel und Aelteſten, dieſe Sache zu unter=
ſuchen. Apoſtelgeſch. 15, 6.

Zum zweiten Male kommen wir zurück auf die in der
Apoſtelgeſchichte erwähnte Kirchenverſammlung der Apoſtel.
Warum wurde dieſe Kirchenverſammlung gehalten, könnte
Jemand fragen, da ja die Frage, ob die Ceremonien des
moſaiſchen Geſetzes für die aus den Heiden bekehrten Chriſten
verbindlich ſeien, ſchon von Gott ſelbſt durch die feierliche Auf=
nahme des Hauptmannes Cornelius und ſeiner Genoſſen in
die Kirche entſchieden war? War nicht auch im Anfange der
Streitfrage und am Entſtehungsorte derſelben der Streit ganz
richtig von Paulus und Barnabas entſchieden worden? Wozu
alſo ein Concil? Warum die weite Reiſe von Antiochien nach
Jeruſalem? Warum die Verſammlung der Apoſtel und
Aelteſten? Warum die vielen und gemeinſchaftlichen Unter=
ſuchungen, die über den Streit angeſtellt wurden? Aber dieſen
gelehrten Einwendungen unſerer heutigen Weiſen und Aufge=
klärten zum Trotze hielten die Apoſtel ein Concil, faßten eine
gemeinſchaftliche Entſcheidung und verkünden ſie als eine
Entſcheidung des heiligen Geiſtes, von deſſen Beiſtand und
Mitwirkung ſie durch die untrüglichen Verheißungen Chriſti feſt
überzeugt waren. Und mit Recht handelten die Apoſtel ſo,
denn der Heiland ſelbſt hatte beim heil. Matth. 18, 16—18.
befohlen, Streitigkeiten, die wenige Brüder nicht ſchlichten
konnten, vor den Richterſtuhl der Kirche zu bringen. Auch
hielten die Apoſtel und Aelteſten mit Recht dafür, daß eine

nach vieler gemeinschaftlicher Berathung von der ganzen Kirche
unter Beistand des heiligen Geistes gefaßte, auf die heilige
Schrift gegründete Entscheidung, den Irrenden gegenüber ein
viel größeres Gewicht habe und den Streit unfehlbar lösen
müsse. Bei vielen Judenchristen war der Streit mit der Ent=
scheidung geendigt, einzelne erhoben, wie wir aus den Briefen
des heiligen Paulus sehen, die Streitfrage noch lange nachher,
bis die Lehre der Kirche nach Verlauf einiger Zeit bei allen
Bekennern des christlichen Namens durchdrang und kein für
die Juden=Ceremonien streitender Christ auf der ganzen weiten
Erde mehr übrig blieb. So wie die Apostel in Jerusalem
hat auch in späteren Jahrhunderten die ganze Kirche gehandelt,
wenn große Streitigkeiten im Glauben oder größere und ver=
derbliche Spaltungen einrissen, wenn Verfolgungen der Un=
gläubigen oder Irrgläubigen wie ein verheerender Strom mit
der ganzen Wuth der Hölle hereinbrachen und der Kirche den
Untergang drohten, wenn christliche Monarchen mit Willkür
in der Kirche herrschen und die Macht der Kirche an sich reißen
wollten, wenn das allgemeine Sittenverderbniß so groß wurde,
daß kein anderes Mittel mehr helfen wollte; so berief die
Kirche, wenn es die Zeitverhältnisse gestatteten, eine allgemeine
Kirchenversammlung und nie vergeblich. Nachdem ich euch
bereits die Bedingungen zu einer allgemeinen Kirchenversamm=
lung angeführt, euch einen kurzen Ueberblick der neunzehn all=
gemeinen Concilien gegeben, deren Unfehlbarkeit nachgewiesen
habe; wollen wir uns heute als Zuschauer bei einer allge=
meinen Kirchenversammlung einfinden. Um aber von unserm
Besuche einen desto größeren Nutzen zu ziehen, wollen wir uns
fragen: Weßhalb die Kirche allgemeine Kirchenversammlungen
abhält und welchen Nutzen sie daraus zieht? Dann wollen wir
uns ein kleines Bild von den Verhandlungen eines allgemeinen
Concils zu entwerfen suchen oder um Alles in wenige Worte
zu fassen, uns fragen: Weßhalb werden allgemeine Kirchen=
versammlungen gehalten, in welcher Weise werden die Ver=
handlungen daselbst geführt? Sehet da den Gegenstand
unserer Betrachtung! Weßhalb werden allgemeine Kirchen=

verſammlungen gehalten? Erſter Theil. Wie werden die Ver=
handlungen dabei geführt oder was geſchieht auf einer allge=
meinen Kirchenverſammlung? Zweiter Theil.

Erſter Theil.

Weßhalb werden allgemeine Kirchenverſammlungen ge=
halten? Was geſchieht daſelbſt? Vor Allem ſtellt die Kirche
hier die Grundlage und die Wurzel aller Gerechtigkeit, den
heiligen katholiſchen Glauben feierlichſt feſt, wenn derſelbe von
ihren hochmüthigen und entarteten Kindern in Zweifel gezogen
wird. Wie geſchieht dies aber? Werden da von den Biſchöfen
und dem Papſte von heute auf morgen nagelneue Lehren auf=
geſtellt, in eine beſtimmte Form gebracht, die Gläubigen unter
Strafe des Ausſchluſſes aus der Kirche verpflichtet, ſich dieſen
neuen Lehren zu unterwerfen? War die Entſcheidung in
Nicäa, daß der Sohn einer Weſenheit ſei mit dem Vater,
eine neue Lehre? Waren die Entſcheidungen, welche die Kirchen=
verſammlung von Trient über die Erblehre, die heilige Schrift
und ihre Auslegung, die Erbſünde, über den Uebergang des
Menſchen aus dem Zuſtande der Sünde in den Zuſtand der
Gnade oder die Rechtfertigung, über das Halten der Gebote,
die Gnade, die menſchliche Freiheit, die Beharrlichkeit, über
ſämmtliche heilige Sakramente und ihre Wirkſamkeit, die heilige
Meſſe, das Fegfeuer, die Verehrung der Heiligen, die Abläſſe
feſtgeſetzt hat, neue Lehren, welche man bis dahin in der
Kirche nicht gekannt hatte? Nein! Sie ſind im Gegentheile
Lehren, ſo alt wie die Kirche, einige waren auch ſchon zu an=
dern Zeiten angefochten, aber um ſo entſchiedener feſtgehalten
und von der Kirche erklärt worden, andere wurden von der
Kirche auf dem ganzen Erdboden und durch alle chriſtlichen
Jahrhunderte als von Chriſtus geoffenbarte Lehren friedlich
gelehrt und feſtgehalten, ohne daß Jemand gewagt hätte, zu
widerſprechen. Was hat nun die Kirche gethan, wenn ein
Arius, Neſtorius, Eutyches, die Waldenſer, Wicleff und Huß,
wenn Luther, Calvin und Andere durch unglückliche Neuerungen
einen Theil des Glaubensgebäudes der Kirche muthwillig ein=

riſſen? Sie hat die katholiſchen alten Wahrheiten, die bis zu
den Aposteln hinauf reichten, mit neuen Worten erklärt, wie
ſchon der heilige Auguſtinus bezeugt, ſie hat chriſtliche Wahr=
heit und Irrthum von einander wie Licht und Finſterniß ge=
ſchieden, die Wahrheit in beſtimmten der Neuerung und Ver=
drehung unzugänglichen Worten feſtgeſetzt, ebenſo genau den
Irrthum bezeichnet, ihre Kinder zum Feſthalten dieſer alten,
nur neu erklärten Lehre, ſowie zur Verwerfung der entgegen=
geſetzten Irrthümer verpflichtet, dann die Verführten zur An=
erkennung der Wahrheit, zum Abſchwören des Irrthums er=
mahnt und ſie in größter Liebe wieder in ihre Gemeinſchaft
aufgenommen, wenn ſie folgten, ſie aus der Kirche ausge=
ſchloſſen und ihrem Schickſale überlaſſen, wenn ſie nicht folgten.
Wenn bei dieſem Ausſchluſſe aus der Kirche unſere heilige
Mutter das Wort Anathema sit, der ſei im Banne, gebraucht,
ſo folgt ſie hierin nur dem Beiſpiele des heiligen Paulus, der
es ſchon früher gebraucht hat, es gelten die Worte mehr dem Irr=
thume, als den Irrenden, welche durch dieſelben von der Kirche
ausgeſchloſſen werden oder durch ihre Verſtocktheit im Irrthume
ſich zuerſt freiwillig ausſchließen. Ich kann dieſen wichtigen
Punkt nicht beſſer ſchließen, als mit den Worten des ſchon
angeführten heiligen Vincenz von Lerins, der ſehr ſchön von den
Beſchlüſſen der Kirche uns lehrt: „Was hat die Kirche durch
ihre Conciliarbeſchlüſſe anders bewirken wollen, als daß Jenes,
was vorher ohne Unterſuchung geglaubt worden, jetzt mit
größerer Aufmerkſamkeit geglaubt werden ſollte? Was man
vorhin gleichſam nur berührte, jetzt mit höherer Kraft ver=
kündet werde? Die Kirche, ſage ich, von der Neuerung der
Ketzer aufgeſchreckt, wollte mit ihren Conciliarbeſchlüſſen nichts
anders bezwecken, als das nur durch mündliche Uebergabe von
den Vätern Ererbte jetzt ſchriftlich auf die Nachkommen zu
verpflanzen; indem ſie Gegenſtände von umfaſſender Wichtigkeit
in wenige Zeilen zuſammenzog und gewöhnlich des beſſern Ver=
ſtehens wegen, den alten Sinn des Glaubens durch ein neues
Wort bezeichnete.“ So iſt es bis zum heutigen Tage geblieben,
die Kirche lehrt auch heute in ihren Concilien keine neue Lehre,

sondern kleidet die alte, in allen Jahrhunderten und an allen Orten geglaubte Lehre in neue Worte, gibt ihr ein neues Kleid, damit sie leichter erkannt und vor aller Entstellung neuerungssüchtiger Menschen bewahrt bleibe. Die Bezeichnung alter Lehren durch neue bezeichnende Worte hat aber nicht bloß in der Kirchenversammlung von Trient, sondern auch schon in jener von Nicäa stattgefunden.

Warum werden allgemeine Kirchenversammlungen gehalten? Um große Uneinigkeiten und Spaltungen, die an diesem oder jenem Orte eingerissen waren, auszurotten und die Eintracht wiederum herzustellen. Wer weiß nicht, wie oft Spaltungen und Zwistigkeiten für die Kirche die traurigsten Folgen gehabt haben, wenn sie auch zunächst die Glaubens- und Sittenlehren nicht betrafen. Die Kirche hat daher die erste Gelegenheit ergriffen, sie auszurotten. Welches Mittel wäre dazu geeigneter, als eine allgemeine Kirchenversammlung? Wie oft beschuldigt man den Bischof eines Bisthums, oder die Bischöfe einer Provinz, ja selbst das Oberhaupt der Kirche der Parteilichkeit, wirft ihnen nicht Kenntniß der Sache, bösen Willen und dergleichen vor. Kann man dies auch bei den Bischöfen einer allgemeinen Kirchenversammlung vorschützen? Nein! Sie sind ganz fremde, unparteiische Richter, die nur vom Interesse für die gute Sache und von keinerlei persönlichen Rücksichten geleitet werden, nirgends wird eine Sache gründlicher und allseitiger erwogen, als in einer solchen Versammlung der ganzen Kirche. Daher ist gleich im ersten allgemeinen Concile von Nicäa ein doppelter Streit zum großen Nutzen der Kirche beibelegt worden. Die eine Streitfrage, welche schon mehrere Male von den Päpsten war entschieden worden, betraf die Feier des Osterfestes am Sonntage, nicht an jedem Tage der Woche, wie die Juden es thun, und diese Entscheidung zu Nicäa stimmte mit jener des apostolischen Stuhles überein. Der zweite Streit betraf die Spaltung des Bischofs Meletius in Aegypten, die hier beigelegt wurde. Wie oft sind auch in späterer Zeit Streitigkeiten zwischen Rom und Constantinopel auf allgemeinen Concilien geschlichtet und beseitigt worden. Dreimal hat sich die

leider ganz grundlos von der lateinischen getrennte griechische
Kirche mit der lateinischen vereinigt und zwar jedesmal auf
allgemeinen Concilien, dem letzten von Constantinopel 869,
dem zweiten von Lyon 1274, in dem von Florenz 1439. Wenn
christliche Monarchen Gegenpäpste wählten und dadurch gren=
zenlose Verwirrung herbeiführten, so wurden, wie in der
dritten und vierten Lateranensischen, die traurigen Folgen da=
von gehoben. Den großen Streit um Besetzung der bischöf=
lichen Sitze, die große siebenzigjährige Spaltung im Abend=
lande, endigten allgemeine Concilien. Wenn über Friedrich
den Rothbart auf der ersten allgemeinen Kirchenversammlung
zu Lyon die größte Strafe der Kirche verhängt wurde,
die Excommunication, so hatte er dies durch Einkerkerung
von Bischöfen, päpstlichen Gesandten, feindseliges Benehmen
gegen die Kirche längst verdient, ihn vertheidigen wollen,
wie es der schlechte Janus thut, hieße die Kirche ganz
schutz= und rechtlos machen und sie jeder Willkür und jedem
Gewaltacte der weltlichen Regierung preisgeben. Sehet also,
wie groß die Vortheile sind, welche die allgemeinen Concilien
durch Wiederherstellung der zerstörten Einheit, durch Ver=
einigung von Haupt und Gliedern zu einer Familie Gottes,
der gesammten Kirche gebracht haben.

Weßhalb werden allgemeine Kirchenversammlungen ge=
halten? Wenn große Gefahren über die ganze Christenheit
hereinbrachen und ihr den Untergang drohten; so hat man auf
mehreren allgemeinen Concilien auch beschlossen, daß die ganze
Christenheit, den bedrohten Provinzen zu Hilfe kommen sollte.
Eine solche schreckliche Gefahr bereitete viele Jahrhunderte
hindurch bis beinahe siebenzehn hundert die große und furcht=
bare Macht der Türken, die von Osten und Westen in Europa
eingedrungen waren und der ganzen Christenheit den Untergang
drohten. Was wäre wohl geschehen, wenn ihre Macht nicht
durch die Kreuzzüge und durch die Bemühungen der Päpste
wäre aufgehalten und gebrochen worden? Große und schwere
Opfer haben allgemeine Kirchenversammlungen und die Päpste
von der Christenheit zu diesem Zwecke gefordert, allein sie

haben die Christenheit und Europa vom Untergange und der Barbarei gerettet. Sind wir nicht allen Dank dafür schuldig? Dabei haben die Päpste, auch wenn es Opfer galt, nie mit Opfern von ihrer Seite zurückgestanden. Wurde in dem einen oder andern allgemeinen Concile ein Kreuzzug gegen die Albigenser beschlossen, weil dieselben mit Rauben, Morden und Brandstiften über die katholischen Provinzen herfielen; so haben diese Concilien ebenso wenig gegen den Sinn und die Lehre der Kirche gehandelt, als wenn ein einzelner Reisender, wo ihm kein anderes Mittel bleibt, einen Räuber oder eine Bande von Dieben mit Waffengewalt zurückweist. Sehet daraus abermal, welche große Vortheile allgemeine Concilien der ganzen Kirche gebracht haben! Sie haben durch ihre Beschlüsse zur Unterdrückung der Feinde des christlichen Namens beigetragen, endlich über unverbesserliche, ausgeartete Kinder der Kirche strenge, aber keine ungerechte Strafen verhängt.

Weßhalb werden allgemeine Kirchenversammlungen gehalten? Um Mißbräuche abzustellen, um eine allgemeine Sittenverbesserung bei Geistlichen und Volk vorzunehmen. Die streitende Kirche auf Erden, nicht nur Volk, sondern auch Hirten und Vorsteher derselben, sind keine makellose Engel, sondern fehlerhafte Menschen. Unter den zwölf Aposteln war ein Judas, unter den sieben Diaconen ein Nicolaus, wie behauptet wird, der Stifter der Nicolaiten, einer sehr unsittlichen Secte. Zu den apostolischen Zeiten lebte Simon Magus, welcher lehrte, der Glaube allein ohne die guten Werke mache selig. Wer kennt nicht die Gnostiker und Manichäer, sittenlose Secten der ersten Jahrhunderte? So ist es auch in späteren Jahrhunderten geblieben. Sünde und Verderben wurde von außen in die Kirche hineingetragen; Unkraut der Sittenlosigkeit wurde häufig vom bösen Feinde auf den Acker der Kirche ausgesäet; endlich sind wir alle Söhne und Töchter Adams und Evas, in deren Herzen durch die Erbsünde der Keim zur Sünde vielfach gelegt ist. Daher gab es neben den heiligsten und reinsten Seelen, auch gottlose, sittenlose, verkommene, weniger in den ersten Jahrhunderten, als man eifrig war im

Gebrauche der heiligen Sakramente, in Anhörung des Wortes
Gottes, weit mehr in späteren Jahrhunderten, als die Lauheit in
den Heilsmitteln, die Nachlässigkeit im Anhören des Wortes
Gottes und die damit verbundene Unwissenheit in Glaubenssachen
einriß. Die Sünde, die Mißbräuche blieben nicht allein bei
dem Volke; sie bahnten sich auch den Weg in das Heiligthum
der Kirche, ergriffen theilweise niedere und höhere Mitglieder
des Priesterthums. Hat die Kirche dieses Verderben nicht ge=
kannt, war sie blind gegen dies Verderben? Haben die Päpste
nicht dagegen geeifert? Sind heilige Bischöfe, ein heiliger
Chrysostomus, ein Bonifacius, ein Carl Borromäus stumme
Hunde dabei geblieben? Hat die Kirche ihre Stimme gegen
ein solches Verderben, gegen solche Mißbräuche nicht erhoben?
Sie hat in hunderten und hunderten, tausenden und tausenden
kirchlichen Verordnungen gegen jede Art von Mißbräuche ihre
mütterliche Stimme erhoben, sie hat geeifert gegen Raub,
Diebstahl, Wucher, gegen Gewaltthätigkeit der Großen und
gegen den Betrug und die Ungerechtigkeit der Untergebenen.
Wie viele hunderte Arten von heidnischem Aberglauben sind
durch die Bemühungen der Kirche unter dem christlichen Volke
vernichtet worden. Wie streng hat die Kirche auf einen reinen
sittlichen Wandel beim Volk und bei den Priestern gedrungen
und dabei sicher das erzürnte Angesicht und die Verfolgungen
unsittlicher und ehebrecherischer Könige nicht gefürchtet. Wie
sehr hat sie auf treue Erfüllung ihrer Hirtenpflichten bei den
Priestern, wie auf fleißigen Empfang der heiligen Sakramente,
Anhörung der heiligen Messe und des Wortes Gottes gedrungen
wie für Reinheit der christlichen Ehe geeifert! Das hat sie
gethan in hunderten und tausenden von Provinzial=, National=
concilien, die sie von den ältesten Zeiten bis in unsere Zeiten
allenthalben, wo sie ihre Freiheit hatte, gehalten hat. Das
hat sie besonders gethan in allgemeinen Concilien, in keinem
mehr als in dem letzten und größten, in der heiligen Kirchen=
versammlung von Trient. Das bezeugen die wahrhaft un=
zählbaren Verordnungen der Kirche für Hoch und Nieder,
Haupt und Glieder, Geistlich und Weltlich. Sind diese Ver=

ordnungen nicht mit der Pünktlichkeit überall durchgeführt
worden, mit welcher der heilige Carl Borromäus die vortreff=
lichen Verordnungen von Trient zuerst mit unerbittlicher
Strenge an sich selbst, dann, soweit es nach menschlichen
Kräften möglich war, an seinem Volke und seinen Geistlichen
durchführte; so ist das keine Schuld der gesammten Kirche, die
Sünden und Mißbräuchen mit aller Entschiedenheit entgegen
getreten ist, unzählige Mißbräuche ausgerottet und wahrhaft,
um mit einem Ausdruck der Reformationszeit zu reden, eine
Verbesserung an Haupt und Gliedern vorgenommen hat.
Keine Anstalt auf Erden hat in Beziehung auf Sittlichkeit
und Tugend ihre Aufgabe so vollkommen gelöst, als die katho=
lische Kirche. Soviel vom großen Nutzen der allgemeinen
Concilien. Damit ihr nun nicht durch das Gewäsch und
die niederträchtigen Verläumbungen schlechter Zeitungen irre
geleitet werdet über das, was auf allgemeinen Concilien zu
geschehen pflegt; so will ich euch ein möglichst kurzes, doch
die wesentlichen Bestandtheile umfassendes Bild eines allge=
meinen Concils vor Augen führen. Davon so kurz als möglich
im zweiten Theile.

Zweiter Theil.

Was geschieht auf einem der durch die schlechte Freimaurer=
und Schacherjudenpresse so verschrieenen allgemeinen katholischen
Concile? Welche Verschwörungen gegen Fürst und Vaterland
werden da angezettelt? Welche Fesseln werden da für freie
Wissenschaft geschmiedet? Welche Herrscherpläne für den Papst
entworfen, der sich nächstens zum weltlichen Herrscher der ganzen
Welt wird krönen lassen? Welche neue Lehrsätze werden da ge=
schaffen, die nicht in Schrift und Tradition gegründet sind?
Welcher Unfriede gegen Andersgläubige wird da heraufbe=
schworen? Das Alles und viel Schreckliches weissagen glück=
licher Weise nur die Lügen= und falschen Propheten in schlechten
Blättern. Das Spiel der schlechten Blätter mit dem allgemeinen
Concile gleicht genau ihrem Treiben mit den ihnen gleichfalls
so verhaßten Jesuiten vor dem Jahre 1848. Jeder Jesuit,

der das lange Jesuitenkleid trug, wohl sicher auch der Pater Odescalchi, der im fürstlichen Palast geboren, 1838 seine Car= dinalswürde, sein Bisthum Sabina, sein Priorat des Malteser= ordens, seine Würde als Generalvicar des heiligen Vaters niederlegte und zu Verona eine stille Jesuitenzelle bezog, war deßhalb ein Betrüger, Verbreiter falscher Grundsätze, ein Heuchler, hatte vielleicht gar Hörnchen auf der Stirn und Bocksfüße, bei dessen Erscheinen man sich mit dem Kreuze be= zeichnen und so weit wie möglich fliehen mußte. Seitdem aber die Jesuiten selbst in Deutschland erschienen, überall gepredigt, Beicht gehört, Missionen gehalten, sich von Angesicht gezeigt haben, ist das Jesuitenschreckbild, so schrecklich es schlechte Blätter noch immer malen, in Rauch aufgegangen, in Staub nach allen Winden zerstoben, seitdem die wahren Jesuiten ge= kannt werden, werden alle alten und neuen Mährchen über Jesuiten nur die Niederträchtigkeit der schlechten Blätter beweisen. So geht es auch mit dem Concile. Und deßhalb will ich euch ein Bild von einem allgemeinen Concile aus seinen Verhand= lungen vorführen.

Von allen neunzehn allgemeinen Kirchenversammlungen sind die Verhandlungen noch vorhanden und geben uns ein treues Bild von jedem derselben und einen klaren Einblick in die jeweiligen Beschlüsse. Doch ist keines wichtiger für uns, keines hat umfassendere Beschlüsse für Glauben und Sitten aufzuweisen, als das Concil von Trient. Ein Bild desselben wird mit kleinen Aenderungen ein Bild aller übrigen sein. Es enthält dieses Concil fünf und zwanzig Sitzungen, und eine doppelte Reihe von Beschlüssen über Glaubenslehren und Verbesserung der Sitten. Die erste Sitzung wurde ausgefüllt mit Eröffnung des Concils, „zur Verbesserung des Clerus und des christlichen Volkes." Die zweite Sitzung schreibt den ver= sammelten Vätern vor, wie sie die nothwendige Verbesserung der Kirche zunächst an sich selbst beginnen sollten, welche er= bauliche Lebensweise sie führen, welche Gebete sie verrichten, wie sie jeden Donnerstag einem feierlichen Amte vom heiligen Geiste beiwohnen, jeden Freitag fasten sollten. Es würde euch gewiß nicht wenig erbauen, wenn ich euch das ganze Decret, Wort für Wort mittheilen könnte. Doch das würde hier zu weit führen. In der dritten Sitzung legten die Versammelten das Nicänische Glaubensbekenntniß ab, wie das auch fast ohne Ausnahme in allen allgemeinen Concilien geschehen ist. In der vierten Sitzung beginnen die Verhandlungen über Glaubens= lehren und Sittenverbesserung und gehen bis zur siebenten einschließlich. Von da an bis zur zwölften Sitzung wurden keine Decrete erlassen, sie mußten wegen der Pest theils in Bologna gehalten werden, theils waren sie die beiden ersten Sitzungen unter Julius III. In der dreizehnten und vierzehnten Sitzung wurden weitere Beschlüsse über Glaubens= und Sittenlehren gefaßt, in der fünfzehnten wurden die Protestanten wiederholt eingeladen auf dem Concile zu erscheinen und ihnen jede wünschenswerthe Sicherheit ertheilt. In der sechzehnten Sitzung wurde es zum zweiten Male wegen Kriegsunruhen geschlossen. Die erste unter Pius IV. oder siebenzehnte diente zur Wieder= eröffnung des Concils, die achtzehnte Sitzung lud die deutschen Protestanten und andere Nationen unter Zusicherung voll= kommener Sicherheit zur Theilnahme am Concile ein. Noch zwei weitere Sitzungen, die neunzehnte und zwanzigste ver= flossen, ohne daß Beschlüsse gefaßt wurden, wahrscheinlich weil sie nicht hinreichend vorbereitet waren. Dann folgen die fünf letzten Sitzungen voll der wichtigsten Beschlüsse über Glaubens= lehren und zur Verbesserung der Geistlichen und des christ= lichen Volkes. Sowohl über die Glaubenslehren als über die Sittenverbesserungsbeschlüsse muß ich hier noch einige Worte sagen.

Die Glaubenslehren des Concils von Trient waren na= türlich gerichtet gegen die Irrthümer jener Zeit, umfaßten die Lehren der Kirche über die Bestandtheile der heiligen Schrift, ihre Auslegung, die kirchliche Ueberlieferung, die Erb= sünde, die Rechtfertigung des Sünders, die Lehre vom Glauben und guten Werken, die ganze Lehre von den sieben Sakra= menten, vom heiligen Meßopfer, von der Verehrung der Hei= ligen, ihrer Reliquien und Bilder, die Lehre vom Reinigungs=

orte und den Abläffen. Nie waren von Abtrünnigen fo viele, nie fo wichtige Lehren zur felben Zeit geleugnet worden als damals. Die Entfcheidungen von Trient fchicken über jeden Gegenstand gewiffe Kapitel zur Belehrung voraus, dann folgen kleinere Lehrfätze, worin kurz zufammengefaßt ist, was jeder katholifche Chrift zu glauben und welche Jrrthümer er zu meiden habe, wenn er nicht von der Kirche will ausgefchloffen werden. Wie find diefe Lehrfätze entworfen worden? Hat man fie von Rom aus fertig nach Trient gefchickt? Sie kamen in folgender Weife zu Stande. Zuerft fuchten eine große Anzahl der gelehrteften Priefter Alles zufammen, was in der heiligen Schrift, in den Kirchenvätern, in den Concilien, in den Schriften berühmter Lehrer aus früheren Jahrhunderten über den ftrei= tigen Gegenstand, z. B. das Altarsfakrament, die Buße, die heilige Meffe, enthalten war. Dann wurde derfelbe Gegen= ftand von den Bifchöfen weiter berathen, die Lehr= und Glaubensfätze entworfen, diefelben immer wieder nach Jnhalt und Wortlaut geprüft, bis endlich alle Väter in den= felben bis auf nichtsfagende Kleinigkeiten übereinstimmten. Dann erft wurden fie als Glaubensfätze nach vielem Gebete und Anrufen des heiligen Geiftes veröffentlicht. Wären die Proteftanten den Einladungen des Concils mit einigem guten Willen und mit weniger Blindheit gefolgt; fie hätten den Glaubenslehren zuftimmen müffen. Warum aber thaten fie es nicht? Weil fie blind, aufgeblafen, von Neuerungsfucht be= raufcht waren. Daß fie es nicht thaten, hat die Kirche, haben die Väter von Trient, nicht verfchuldet. Jn keinem der frühern allgemeinen Concilien find fogleich alle Jrrenden in den Schooß der katholifchen Kirche zurückgekehrt. Dürfte man deßhalb die Gültigkeit ihrer Befchlüffe in Zweifel ziehen? Das ift nie einem wahren Katholiken eingefallen. Durch das Concil von Trient ift das katholifche Glaubensgebäude 300 Jahre uner= fchüttert geblieben, indem die Proteftanten auf der Bahn des Jrrthums ftehen blieben und weiter gingen, haben fie auch die Grundwahrheiten des Chriftenthums vernichtet, die Gottheit Chrifti, die heiligfte Dreifaltigkeit, die Sakramente, die Er=

lösung verworfen, Alles hat der Rationalismus, Alles der giftige Zahn freier Forschung zernagt.

Noch mühsamer als die Glaubensdecrete waren die Anordnungen über Verbesserungen, 143 an der Zahl, die sich verbreiten über Predigten, Studiren der heiligen Schrift, die Verleihung der Beneficien, die Pflicht zu residiren, die Eigenschaften der zu Weihenden, das Leben der Geistlichen, die Mißbräuche beim Abschluß der Ehe, die Errichtung von Seminarien, die Eigenschaften der Bischöfe, ihre Wahl, die Klostergeistlichen. Kein Mißbrauch wurde geschont, keiner übergangen, schädliche Privilegien in Menge aufgehoben, die Verbesserung der Kirche wurde, wenn je gründlich in einer der neunzehn allgemeinen Kirchenversammlungen, dann sicher in der allgemeinen Kirchenversammlung von Trient, was Sitten und disciplinäre Einrichtung anbelangt, worin allein von Verbesserung die Rede sein kann, mit aller Gründlichkeit und nach allen Richtungen durchgeführt. Welch ein Abstich der Sittenverbesserung von Trient von jener in Wittenberg, in Zürich und Genf! Nur einige Geschäfte blieben in Trient unerledigt. Die Frage, ob in Deutschland die Communion unter zwei Gestalten zu erlauben sei, eine fehlerfreie Ausgabe der lateinischen heiligen Schrift, ein neues Brevier, ein neues Meßbuch, ein Verzeichniß verbotener Bücher, ein Katechismus. Was geschah damit? Ihre Entscheidung, die Besorgung des Fehlenden, wurde von der Kirchenversammlung, dem heiligen Stuhl in Rom, Papst Pius IV. übertragen. Würde die Kirchenversammlung so gehandelt haben, wenn sie so feindselig gegen den heiligen Stuhl gesinnt gewesen wäre, wie der giftspeiende Janus und die ganze schlechte deutsche Presse? Wenn der Papst nicht höher stünde, als daß er der Erste unter den Bischöfen wäre, würde man ihm so wichtige Entscheidungen übertragen haben? Indem die heilige Kirchenversammlung so wichtige Verfügungen in die Hand des obersten Hirten der Kirche niederlegte; zeigte sie vor aller Welt, wie groß ihr Vertrauen zum Oberhaupte der Kirche war, deßwegen und wegen allen so heilbringenden Beschlüssen in Glaubenslehren,

in Sittenverbesserungen wird ihr die gesammte Kirche fort bis
zum Ende der Zeiten ein ewiges segensreiches und dankbares
Andenken bewahren.

Und hier wollen wir schließen, so viel sich auch noch sagen
ließe. Die allgemeinen Kirchenversammlungen haben Glaubens=
streitigkeiten entschieden, Streitigkeiten geschlichtet, die Feinde der
Christenheit bekämpft, Mißbräuche ohne Zahl in der Kirche, nur
nicht im Glauben, worin es keine gibt, abgestellt. Werden
allgemeine Concilien gehalten; so geschieht dies nicht, um
nagelneue Lehren, die in der heiligen Schrift, in der Ueber=
lieferung nicht enthalten sind, einzuführen, sämmtliche Lehren
sind so alt als die Kirche, werden nur mit neuen Worten von
den Bischöfen der ganzen Welt erklärt, weil neue Irrthümer
eine neue Erklärung nöthig machen. Verbesserungen werden
da vorgenommen an den Sitten, nicht am Glauben. Diese
Sittenverbesserung fängt Jeder bei sich selbst an durch Anrufung
des heiligen Geistes, durch Gebet, durch Gebrauch der Heils=
mittel der Kirche, durch Fasten und Bußwerke. So wollen
auch wir unsere geistige Erneuerung und Umwandlung ein=
leiten und die Beschlüsse des allgemeinen Vaticanischen Concils
werden, wie alle früheren Beschlüsse der Kirche, uns, allen
Völkern der Erde, allen zukünftigen Geschlechtern, eine Quelle
des reichsten Segens für Zeit und Ewigkeit werden. Amen.

VII.

Simon, Simon, siehe, der Satan hat verlangt, euch sieben zu dürfen, wie den Waizen, ich habe aber für dich gebeten, daß dein Glaube nicht gebreche; und wenn du einst bekehrt bist, so stärke deine Brüder! Luc. 22, 31—32.

Als Gott im Anfange den menschlichen Leib schuf, gab er demselben unter anderen Gliedern auch ein Haupt, setzte es an den erhabensten Theil des Leibes, machte es zum vorzüglichsten Werkzeug unserer geistigen Thätigkeit, verband damit alle fünf Sinne und so ist es bis jetzt, beinahe sechs tausend Jahre nach der Schöpfung, geblieben. Dürfte nun der Mensch sich herausnehmen, diese von Gott eingeführte Ordnung zu stören, das Haupt auf die Brust, an die Stelle der Hände oder gar der Füße zu setzen? Ein solcher Thor würde, das wissen auch Kinder, den ganzen menschlichen Leib zu Grunde richten. So hat auch Christus bei der Gründung seiner Kirche, wie alle wahre Katholiken als Glaubensartikel bekennen, derselben in der Person des heiligen Petrus ein sichtbares Oberhaupt gegeben, hat es über alle Apostel gesetzt, indem er befahl, nicht bloß die Lämmer, die Gläubigen, sondern auch die Schafe, deren Hirten, zu weiden. Dieses Haupt, dieser allgemeine Hirt, dieser Felsen, worauf die Kirche gebaut, sollte in der Person der Nachfolger des heiligen Petrus fortdauern bis zum Ende der Zeiten und damit auch alle Pflichten des heiligen Petrus. Welche sind diese Pflichten? Sie ergeben sich aus den Worten des Herrn selbst. Wie gute Hirten sollen die Nachfolger Petri nicht bloß die Gläubigen, sondern auch die

Hirten weiden, leiten, sie im Glauben stärken, und damit sie
es vermögen, hat der Heiland für Petrus, und gewiß auch
für seine Nachfolger gebetet, damit ihr Glaube nie abnehme
und sie so im Stande wären, ihre Brüder zu stärken, so oft
sie der sichtbaren Stärke bedürften. Mit diesem höchsten, überaus mühsamen Hirtenamte hat der Heiland gewiß auch die
nöthige Gewalt verbunden, ihm diejenigen Vorzüge ertheilt,
die zur Erfüllung eines so schweren Amtes nothwendig sind.

Diese Gewalt über Gebühr herunter setzen, dem Oberhaupte der Kirche denjenigen Vorzug absprechen, welcher ihm
zum Weiden der gesammten Heerde Christi nothwendig ist,
heißt das oberste Hirtenamt in der Kirche selbst vernichten,
das Oberhaupt der Kirche unter die Bischöfe und Priester
stellen, den höchsten Wächter der Kirche von seinen Untergebenen
bewachen lassen, das Haupt der Kirche an die Stelle der Hände
setzen, oder es gar dem ganzen geistigen Körper der Kirche zu
Füßen legen oder die Kirche selbst zu Grunde richten. Zu den
Vorzügen des höchsten Hirtenamtes der Kirche gehört nach dem
uralten Glauben fast der gesammten Kirche und des überwiegend größten Theils der Gottesgelehrten die Unfehlbarkeit
des Papstes, wenn er als höchster Lehrer der gesammten Kirche
feierlich eine Glaubens- oder Sittenlehre entscheidet und allen
Gläubigen, unter dem dem Oberhaupte der Kirche schuldigen
Gehorsam, ja unter Strafe des Ausschlusses aus der Kirche,
gebietet, sich an diese Entscheidung zu halten. Diese Unfehlbarkeit, so verstanden, ist in allen christlichen Jahrhunderten
geglaubt worden, fließt aus dem Primate selbst, ist zwar kein
ausdrücklich und feierlich festgesetzter Glaubenssatz, könnte aber
durch die Erklärung des allgemeinen Concils dazu erhoben werden.
Ueber diese Unfehlbarkeit wird dermalen in allen schlechten
Zeitungen und sonstigen Schriften, auf vielen Wirthsbänken,
in anderen Gesellschaften, so viel Tolles, Verkehrtes und Un-
sinniges geschrieben und geschwätzt, daß ich bei diesem Unterrichte nothwendig meinem gegebenen Versprechen nachkommen
und eine ausführliche, gründliche Unterweisung darüber ertheilen
muß. Was werde ich euch von dieser Unfehlbarkeit sagen?

Mein Unterricht darüber wird drei Fragen umfaſſen. Worin beſteht die päpſtliche Unfehlbarkeit und worauf erſtreckt ſie ſich? Erſte Frage. Auf welche Beweiſe der Schrift und Tradition gründet ſich die Unfehlbarkeit? Zweite Frage. Was iſt von den Einwendungen gegen die päpſtliche Unfehlbarkeit zu halten? Dritte Frage. Sehet hier die drei Punkte unſerer Be= trachtung.

Vortrag.

Worin beſteht die päpſtliche Unfehlbarkeit und worauf erſtreckt ſie ſich? Will man über einen Gegenſtand als ver= nünftiger Menſch ſprechen; ſo muß man zuerſt den richtigen Begriff davon feſtſtellen. So verhält es ſich auch mit der päpſtlichen Unfehlbarkeit, denn leider ſchreien heute viele ſchlechte Blätter, ja ſelbſt, wenn manche Angaben richtig ſind, leider einige katholiſche Geiſtlichen von der Verderblichkeit der päpſtlichen Unfehlbarkeit, die entweder abſichtlich den rechten Begriff verwirren, um Ungelehrte zu täuſchen oder, zu ihrer Schmach muß es geſagt werden, nicht den entfernteſten Begriff davon haben. Der Papſt iſt unfehlbar heißt alſo nicht, der Papſt kann in keinerlei Sünden und Unvollkommenheiten fallen, das iſt nie in der Kirche behauptet worden. Jeder Papſt bleibt Menſch, wird nicht lebend heilig geſprochen, ſondern hat ſeinen Beichtvater und beichtet, gleich dem Geringſten der Gläubigen. Auch erſtreckt ſich die Unfehlbarkeit des Papſtes nicht auf rein weltliche Dinge, Künſte, Wiſſenſchaften, Politik; ſoweit ſie die Kirche nicht berühren, hat der Papſt ſich nie darum gekümmert. Schreibt ein Papſt, wie Benedict XIV., Gregor XVI., gelehrte Werke, ſo könnte er ſich in denſelben ebenſo gut, wie jeder andere katholiſche Gelehrte, irren, denn als Gelehrter beſitzt er keine Verheißung. Auch könnte der Papſt in Briefen, in Bullen, in Breven, worin er ſich über Ortsverhältniſſe, über gewiſſe Perſonen und ihre Geſinnung, über Zeitumſtände aus= ſpricht, ſich täuſchen und irren. Es kann ſich ein Irrlehrer auch bei dem Papſte katholiſch ſtellen und den Papſt einige Zeit täuſchen, ohne daß der Papſt die Heuchelei ſogleich merkt.

Der Papst kann sich auch in kleineren unbedeutenderen Dingen irren, Milde für Strenge anwenden oder umgekehrt, kann Zeit= verhältnisse verkehrt beurtheilen und eine minder gute An= ordnung treffen. Alles dieses widerstreitet der richtig ver= standenen Meinung von der Unfehlbarkeit des Papstes nicht. Diese erstreckt sich auf die von Christus geoffenbarten Glaubens= und Sittenlehren, auf Sätze und Bücher, die damit in enger Verbindung stehen. Nur wenn der Papst als oberster Lehrer über eine Glaubens= und Sittenlehre oder einen damit in engster Verbindung stehenden Satz entscheidet oder ein gewisse Irr= thümer enthaltendes Buch verdammt und die ganze Kirche unter dem ihrem Oberhaupte schuldigen Gehorsam oder gar unter Androhung des Ausschlusses aus der Kirche verpflichtet, sich diesem Urtheile zu unterwerfen, so kann diese Entscheidung keinen Irrthum, keinen Verstoß gegen den Glauben, keinen gegen die guten Sitten enthalten. Sehet da das Feld, worauf sich die päpstliche Unfehlbarkeit bewegt! Daraus sehet ihr selbst, daß so viele Schüsse, welche der päpstlichen Unfehlbarkeit den Todesstoß geben, das Herz durchbohren sollen, Schüsse neben die Scheibe sind, sie nicht berühren. Alle Fehler, welche die Päpste als Privatpersonen begehen, alle, die sie in der Politik begangen haben oder die ihnen darin mit Unrecht zur Last gelegt werden, alle Irrungen, welche hinsichtlich mancher Personen untergelaufen sein können; haben mit der Unfehl= barkeit, wie sie fast in der ganzen Kirche angenommen wird, nichts zu schaffen. Es ist keinem der Vertheidiger dieser päpst= lichen Unfehlbarkeit eingefallen, derselben eine größere Aus= dehnung zu geben, als der Unfehlbarkeit der gesammten Kirche. Wie die gesammte Kirche ihre Unfehlbarkeit nie auf Künste, weltliche Wissenschaften, Politik ausgedehnt hat; so hat Nie= mand der päpstlichen Unfehlbarkeit diese Ausdehnung gegeben und ist es mehr als lächerlich, wenn schlechte Blätter von der= selben die größten Gefahren für Throne, Könige, Künste, freie Wissenschaft prophezeien, sie als die stets sprudelnde Quelle aller Uebel, womit sie nächstens die Welt überschwemmen werde, darstellen. So wenig die christliche Glaubens= und

Sittenlehre oder das Evangelium verderblich sein kann; ebenso wenig ist es die päpstliche Unfehlbarkeit, die nur zum Schutze der geoffenbarten Glaubens- und Sittenlehre gegeben ist. So- viel möge genügen über die Frage: Worin besteht die päpst- liche Unfehlbarkeit und worauf erstreckt sie sich?

Auf welche Beweise der Schrift und Ueberlieferung gründet sich diese oben erklärte Unfehlbarkeit des sichtbaren Oberhauptes der Kirche? Sie gründet sich zuerst auf das Ansehen der heiligen Schrift. Der Heiland hat zu Petrus und in ihm zu seinen Nachfolgern gesprochen: Selig bist du Simon Barjona, weil Fleisch und Blut es dir nicht geoffenbart hat, sondern mein Vater, der im Himmel ist; und ich sage dir, du bist Petrus und auf diesen Felsen will ich meine Kirche bauen und die Pforten der Hölle werden sie nicht überwältigen.

Der Heiland sichert hier der Kirche allen Kämpfen der Hölle zum Trotze einen ewigen unerschütterlichen Fortbestand auf dem von ihm gelegten Fundamente dem heiligen Petrus. Soll die Kirche aber unerschüttert fortbestehen, so muß sie fest- stehen im Glauben, kein Sieg der Hölle über die Kirche wäre größer, als wenn sie dieselbe zum Irrthume im Glauben bringen könnte. Wird aber die Kirche im Glauben nicht wanken, wenn ihr Haupt wankt, wenn es dem Irrthume verfällt? Das Weichen des Fundamentes führt den Sturz des ganzen Gebäudes und den Fall des Hauptes in den Irrthum, wird die ganze Kirche in Irrthum stürzen. Die heiligen Väter heben ausdrücklich hervor, daß die hier gegebene Verheißung nicht so sehr der Person, sondern dem Glauben des heiligen Petrus gelten. „Der Glaube,“ schreibt der heilige Ambrosius, „ist also die Grundfeste der Kirche; denn nicht vom Fleische, sondern vom Glauben des heiligen Petrus ist gesagt worden, daß die Pforten des Todes ihn nicht über- wältigen werden.“ Und der heilige Cyrillus von Alexandrien schreibt von derselben Stelle: „Ich meine, Christus bezeichnet durch den Felsen nichts Anderes, als den unerschütterlichen überaus festen Glauben des Jüngers, auf welchen (Glauben) die Kirche Christi so gegründet und befestigt wurde, daß sie

nicht fallen könne und unbezwingbar den Pforten der Hölle
wäre." Dasselbe sagt auch Chrysostomus in seiner ersten Rede
auf Pfingsten. Ist der Glaube Petri das Fundament der
Kirche, so darf er nicht wanken, noch weniger fallen, er muß
wenigstens in feierlichen Entscheidungen unfehlbar sein. Ebenso
bestimmt für die Unfehlbarkeit des päpstlichen Stuhles lauten
die Worte des Heilandes, die er an Petrus richtete: Ich habe
für dich gebetet, daß dein Glaube nicht abnehme und wenn du
dich bekehrt haben wirst, so stärke deine Brüder! Diese Worte
und Verheißung Christi beziehen sich weniger auf Petrus und
die Apostel, als auf seine Nachfolger und die übrigen Bischöfe,
da Petrus und die Apostel eben durch die Ausgießung des
heiligen Geistes eine persönliche Unfehlbarkeit erlangten. Vielmehr gelten sie den übrigen Nachfolgern des heiligen Petrus
und den Bischöfen. Soll aber der Nachfolger Petri die übrigen
Bischöfe im Glauben stärken, soll der Stuhl Petri, wie Döllinger
schreibt, „eine Stätte der Wahrheit, eine Allen zur Stärkung
gereichende Burg des wahren Glaubens sein," so muß er im
Glauben unfehlbar sein, er darf darin nicht wanken, es könnte
der Nachfolger Petri ja nicht die Bischöfe im Glauben stärken,
sondern sie müßten ihn stärken. Die Worte, „bestärke deine
Brüder, sind nicht," schreibt Bossuet, „ein Gebet, welches den
Petrus allein betrifft, sondern sie beziehen sich auf das Amt,
welches Christus für immer in der Kirche eingesetzt hat. . . .
Immer mußte Petrus, welcher seine Brüder im Glauben bestärken sollte, in der Kirche fortbestehen. Dies war das taug-
lichste Mittel, die Einigkeit in Glaubenssätzen zu begründen,
welche unser Erlöser vor Allem wünschte, und diese Auctorität
war um so nöthiger bei den Nachfolgern der Apostel, da diese
die Glaubensstärke der Apostel selbst nicht besitzen." Und an anderer Stelle sagt derselbe: „Dieses Amt hat also Petrus, dieses
Amt haben die Nachfolger des heiligen Petrus in Petrus erhalten, daß es ihnen obliegt, ihre Brüder zu bestärken."
Dasselbe lehrt auch der heilige Franz von Sales: „Die Kirche
hat immer eines unfehlbaren Befestigers nöthig, an dem man
sich als an einem Fundamente halten könne, welches die Pforten

der Hölle und besonders der Irrthum nicht zu bewältigen im
Stande seien und daß ihr Hirt ihre Kinder nicht in Irrthum
führen könne. Die Nachfolger Petri haben alle diese Privi=
legien, die nicht die Person, sondern die Würde und das
öffentliche Amt begleiten." So der heilige Franz von Sales
und alle wahrhaft katholischen Lehrer der Kirche. Daß aber
das Gebet des Heilandes für Petrus und seine Nachfolger
wirksam war; bezeugt der Umstand, daß die drei apostolischen
Patriarchenstühle von Alexandrien, von Jerusalem und Antiochien
mit Irrlehren befleckt worden sind, während dies beim Stuhle
Petri nie der Fall war. Endlich befiehlt der Heiland dem
Petrus: Weide meine Lämmer, weide meine Schafe, führe
meine Gläubigen, führe meine Hirten mit der gesunden Lehre,
die ich vom Himmel gebracht habe, zur Seligkeit! „Zuerst hat
ihm der Herr," schreibt Eucharius von Lyon, „die Lämmer,
dann die Schafe übergeben, weil er ihn nicht nur zum Hirten,
sondern zum Hirten der Hirten gesetzt hat." Könnte der oberste
Hirt der Heerde Christi, trotz dem Befehle des Heilandes irren,
einen verkehrten Glauben bieten, auf verderbliche Weide führen;
so müßten die Apostel Petrus, die Bischöfe den Papst und
nicht umgekehrt leiten und führen. Da aber Christus dem
Petrus und seinen Nachfolgern befohlen hat, Hirten und Heerde
zu führen und zu weiden; so gibt er ihm und seinen Nach=
folgern zur Vollführung seines Auftrags auch den richtigen
Glauben, die richtigen Sakramente, die richtige Sittenlehre,
die richtige Erkenntniß der ihnen widersprechenden Irrthümer.
Sehet da einen dreifachen Beweis aus der heiligen Schrift
für die so verschrieene Lehre von der Unfehlbarkeit des Papstes,
sie kann also, wenn nicht etwa das Evangelium selbst verderblich
und die Quelle aller gesellschaftlichen Uebel ist, nicht verderblich
sein, wenn auch zehntausend Lügenblätter es ausposaunen.

Auf welche Zeugnisse der heiligen Väter und Ueber=
lieferung gründet sich die oben erklärte Unfehlbarkeit des
Papstes? Sie gründet sich auf die zahlreichsten Zeugnisse
heiliger Väter. Wenn die Gegenwart Jesu im allerheiligsten
Sakrament als der Mittelpunkt alles Heiligen, die sakramen=

talische Beicht und einige andere Wahrheiten des Christenthums
ausgenommen werden; so gibt es kaum eine von der Kirche
ausgesprochene Glaubenslehre, die so viele und so klare
Zeugnisse für sich aufzuweisen hat, als die Unfehlbarkeit des
Papstes im Sinne der Kirche erklärt. Zu bemerken ist, daß
viele Schriften aus apostolischer Zeit verloren gegangen sind.
Wie klar spricht sich schon im zweiten Jahrhundert Irenäus
über unsern Gegenstand aus! „Alle," schreibt er, „müssen von
der römischen Kirche abhangen, wie Flüsse von der Quelle und
Glieder vom Haupte." „Mit dieser Kirche (der römischen) muß
wegen des entschiedenen Vorranges jede andere Kirche über=
einstimmen; denn in dieser wurde die apostolische Tradition
stets wider alle Verfälschung bewahrt. Gestützt auf das An=
sehen und die Lehre dieser von Petrus und Paulus gegrün=
deten römischen Kirche, machen wir Alle zu Schanden, die aus
Eitelkeit oder Bosheit anders lehren, als sie sollten." Er
führt dann noch die Nachfolger des heiligen Petrus bis zu
seiner Zeit mit Namen auf und beruft sich auf ihr Zeugniß.
Woher dieses Ansehen der römischen Kirche bei Irenäus?
Weil ihr Oberhaupt als das Haupt der Kirche, kraft der ihm
gewordenen Verheißungen, im Glauben volle Sicherheit bietet,
also unfehlbar ist. Der gelehrte Origenes im dritten Jahr=
hunderte schreibt: „Siehe einmal, welche Macht und welche
Gewalt dieser Felsen habe, auf welchen die Kirche Christi ge=
baut wurde, daß die Entscheidungen, die von ihm ausgehen,
solche Kraft und Gültigkeit haben, als hätte Gott selbst ge=
sprochen!" Dem heiligen Cyprian ist der Stuhl Petri gleich=
bedeutend mit dem Lehramte der Kirche. „Ein Gott," schreibt
er, „und ein Christus, und eine Kirche und ein Lehrstuhl auf
Petrus, durch Christi Wort gebaut." „Zu den Römern hat,"
nach Cyprian, „der Irrthum keinen Zutritt." Was wehrt dem
Irrthum den Zutritt nach Rom? Sicher nur die Unfehlbarkeit
ihres Oberhirten. Noch entschiedener lauten die Worte des
großen Athanasius: „Du bist," schreibt er von einem Concil
zu Alexandrien an Felix II., „der Richter über alle Irrthümer,
welche die Kirche Gottes verheeren, du bist der Lehrer und

das Oberhaupt der orthodoxen Lehre und des reinen, unver=
fälschten Glaubens.“ Die Väter des Concils nennen „diesen
heiligen römischen Stuhl die von Gott gesetzte und uner=
schütterliche Grundfeste, das von Jesus unserm Herrn und
Gott gesetzte klarste Vorbild und die Richtschnur aller übrigen
Kirchen.“ Wie könnte Athanasius so schreiben, wenn das
Oberhaupt der Kirche gleich jedem andern Bischofe in seinen
feierlichen Entscheidungen dem Irrthume unterworfen wäre?
„Eure Heiligkeit,“ schreibt der heilige Basilius an den heiligen
Damasus, „verlieh Gott, das Unächte und Verfälschte vom
Aechten und Wahren zu unterscheiden und. den Glauben der
Väter ohne irgend eine Makel zu verkünden.“ Was kann
deutlicher sein als dieser Ausspruch? So mahnt auch der
heilige Ambrosius: „Frage Petrus in seinen Nachfolgern;
denn wo Petrus ist, da ist auch die Kirche. Und könnte der
Papst irren, so würde die Kirche irren; denn wo Petrus,
da ist die Kirche.“ „Wer mit dem Stuhle Petri Gemeinschaft
hat, der ist mein,“ ruft Hieronymus. Von den vielen Zeug=
nissen des heiligen Augustin nur ein einziges: „Die Stimme
desselben (des himmlischen Hirten) läßt sich von der Kirche
von Rom nicht undeutlich hören. Wer immer von der Heerde
desselben nicht irren will, höre diesen und folge ihm!“ Diese
Zeugnisse für die Unfehlbarkeit des Papstes mögen genügen.
Sie sind aus den frühesten Zeiten, eine Menge anderer muß
ich übergehen. Was soll ich sagen davon, wenn ein hochge=
stellter deutscher Gelehrte behauptet, der Glaube von der Un=
fehlbarkeit des Papstes habe im Zeitalter des heiligen Thomas
von Aquin seinen Anfang genommen? Unwissenheit kann es
nicht sein. Aber welche Blindheit, welcher überall zu Tag
tretender tückischer Haß gegen das Oberhaupt der Kirche gibt
sich da kund! Vor dem Nicänischen Concile kannte man das
Wort „gleicher Wesenheit“ nicht, vor dem Concil von Trient
nicht viel das Wort „Transsubstantiation,“ (Verwandlung einer
Wesenheit in die andere), so sind auch in unserer Frage
einige wissenschaftliche Ausdrücke, späteren Ursprungs, alle
drei Lehren sind so alt, als das Christenthum, mit dem

einzigen Unterschiede, daß sich die Kirche über die Un=
fehlbarkeit als Glaubensartikel nicht feierlich ausgesprochen hat.
Worauf gründet sich der Glaube an die Unfehlbarkeit des
Papstes in Glaubens= und Sittenlehren? Auf die Aussprüche
allgemeiner Kirchenversammlungen. Wollte ich sämmtliche Be=
weise anführen, so bedürfte ich dafür eine eigene Predigt.
Mit Uebergehung der drei ersten allgemeinen, besonders des
ephesinischen führe ich zuerst einige Stellen aus der Kirchen=
versammlung von Chalcedon an, die 630 Bischöfe zählte.
„Wie Leo, so glauben wir, verflucht sei, wer nicht so glaubt;
Petrus hat durch Leo geredet.“ In der vierten Versamm=
lung rufen die Väter einstimmig: „Wer nicht mit dem Briefe
des heiligsten Bischofs Leo übereinstimmt, ist ein Ketzer.“ „Wir
haben an Petrus einen Felsen der Zuflucht und ihm allein
steht es an Gottes Statt durch freie Vollmacht, das Recht zu
entscheiden vermöge der ihm von Gott gegebenen Schlüssel, und
Alles, was von ihm festgesetzt ist, muß als vom Stellvertreter
des apostolischen Stuhles gehalten werden.“ So das vierte
allgemeine Concil. Das sechste allgemeine sagt von der dogma=
tischen Entscheidung des Papstes Agatho, daß es sie umfasse
als vom heiligen Geiste durch den Mund des heiligsten und
und seligsten Apostelfürsten dictirt und durch die Finger des
oben genannten seligsten Papstes Agatho geschrieben. Daher
schreiben die Väter an Agatho: „Daher überlassen wir als
dem Vorsteher des ersten Stuhles der allgemeinen Kirche was
zu thun ist, der du auf dem festen Felsen der Kirche stehest.“
Aehnliche Ausdrücke, welche bezeichnen, daß der Stuhl Petri
im Glauben nicht irren könne, finden sich in großer Menge im
zweiten allgemeinen Concil von Nicäa, im vierten zu Constan=
tinopel, besonders im zweiten zu Lyon, selbst das Concil von
Constanz hat in der Verdammung des Wicleff eine sehr ent=
schiedene Stelle für unsere Behauptung. Sehr bestimmt ist
sie enthalten in dem Glaubensbekenntnisse der griechischen und
lateinischen Kirche auf dem allgemeinen Concile zu Florenz.
Alle Kirchenversammlungen sehen den Papst als den höchsten
und Hauptlehrer der Kirche an, dessen Entscheidungen bei

Glaubenszweifel selbst in allgemeinen Concilien zu Grund ge=
legt werden. Die zweimalige Behauptung, daß allgemeine
Concilien über dem Papste stehen, wie in Basel und Constanz
Einige behauptet haben, fallen damit zusammen, sind nicht
rechtmäßige Beschlüsse und gelten kirchlich so wenig, wie die
politischen Beschlüsse einer Ständekammer, die sich über den
Landesherrn setzt.

Worauf gründet sich die Unfehlbarkeit der Päpste? Auf
Entscheidungen der Päpste, die von der Kirche ohne Weiteres
als Entscheidungen im Glauben sind angenommen worden. So
die Entscheidung Innocenz I. über die Gnade. Als Augustin
sie erhielt schrieb er: „Rom hat geredet, die Sache ist geendigt,
wenn jetzt nur der Irrthum ein Ende nähme,“ die Irrenden
in die Kirche zurückkehrten! Augustin hielt also die Ent=
scheidung des Papstes für eine vollgültige Entscheidung der
Kirche. Daß die Irrenden sie nicht annahmen, schadet ihr so
wenig, als es den Entscheidungen von Nicäa, Chalcedon
oder Trient schadet, daß sie die Arianer, Eutychianer oder
Protestanten nicht annahmen. Die Päpste haben seit 300
Jahren ohne die durch Pius IX. verdammte zu rechnen, meh=
rere hundert Sätze verurtheilt und verworfen. Wie ist es mit
diesen verurtheilten Sätzen gegangen? Sie sind in der ganzen
Kirche auch in Frankreich ohne Prüfung angenommen worden.
Clemens XI. verdammte 1713 die Irrthümer des Jansenius,
Pius VI. die jansenistische Versammlung von Pistoja, worin
der jansenistische Bischof Ricci mit einigen hundert gleichge=
sinnten Priestern die verschiedenartigsten Irrthümer aufgestellt
hat. Diese Bullen sind noch durch kein Concil geprüft. Sie
sind demungeachtet allenthalben angenommen, besonders in
Frankreich. Pius VI. hat den von der Revolutionspartei
vorgeschriebenen Eid auf Anfragen der Geistlichen verworfen.
Dieser Bescheid des Papstes wurde an keinem Concile geprüft,
doch haben die Geistlichen zu Tausenden bis auf das Blut=
gerüst, unter allen erdenklichen Leiden daran festgehalten.
Mag immerhin die französische Eitelkeit sich rühmen, die Un=
fehlbarkeit des Papstes nicht zu glauben, in der Wirklichkeit

werden päpstliche Entscheidungen nirgends williger aufgenommen und von allen Guten treuer vollzogen, als in Frankreich.

Schließlich ist hier zu merken, daß in der Kirche ein ge= wöhnlicher stets vorhandener, dazu sicherer Richterstuhl für Entscheidungen von Zweifeln über Glaubenssachen und Sitten= lehren vorhanden sein muß und dieser ist weder ein allgemeines Concil, das nur selten zu haben ist, noch die über den Erd= kreis verbreitete Kirche, deren Gesammturtheil nur sehr schwer eingeholt und stets wieder bestritten werden kann, es muß da= für der apostolische Stuhl gelten. Was würde aber dieser ge= wöhnliche Richterstuhl zur Entscheidung von Zweifeln in Glau= bens= und Sittenlehren der gesammten Kirche nützen, wenn jeder Bischof, jeder Professor, jeder Priester oder Laie diese feierliche Entscheidung bekritteln, in Zweifel ziehen oder gar als Fälschungen im Glauben verwerfen könnten? Wer sollte die Zweifel lösen? Wo sollten sie endigen? Was wäre in den letzten drei Jahrhunderten aus der Kirche geworden ohne die Entscheidungen des Papstes? Wie bald sollte es um die Einheit im katholischen Glauben geschehen sein, wenn der Papst oder die Kirche in ihren Entscheidungen über Glauben und Sitten bei allen Professoren Deutschlands oder gar aller Länder um gütige Erlaubniß dazu anfragen sollten! Welt= bekannt ist übrigens, mit welcher Vorsicht der heilige Stuhl bei seinen Entscheidungen verfährt, mit welcher Aengstlichkeit und Sorgfalt jeder Zweifel geprüft wird. Sie kommt der in allgemeinen Concilien gebrauchten sehr nahe. Das ist aber Nebensache. Hauptsache und Knotenpunkt aber ist es, daß der Heiland, indem er Petrus und seine Nachfolger zu höchsten Wächtern in Glaubens= und Sittenlehren und höchsten Ver= tretern der Kirche bestellte; ihnen auch in Anbetracht ihres schweren Amtes, das ohne besondern höhern Beistand nicht zu führen ist, auch aus Rücksicht auf die Hirten und Gläubigen, die zu gehorchen verpflichtet sind, seinen und des heiligen Geistes besondern Beistand verleiht, wodurch sie bei allen feierlichen Entscheidungen vor jedem Irrthume bewahrt bleiben. Könnte das Oberhaupt der Kirche in feierlichen Entscheidungen irren; so könnte der Heiland weder die Gläubigen noch die Hirten seiner Weide übergeben, noch sie zum Gehorsam, der bloße Heuchelei wäre, verpflichten. Das begreifen sehr gut wahrheitsliebende Protestanten, Schulkinder, einfache Gläubigen. Wie es gelehrte Leute, selbst Professoren der Theologie, nicht fassen, ist mir ein Räthsel, welches der Heiland mit den Worten löset: Ich preise dich, Herr des Himmels und der Erde! daß du dieses vor den Weisen und Klugen verborgen, Kleinen aber geoffenbaret hast. Soviel über die Gründe, welche für die Unfehlbarkeit des Papstes geltend gemacht werden.

Welche Einwendungen bringt man vor gegen die päpstliche Unfehlbarkeit? Man sagt, die Päpste hätten vielfach geirrt und gefehlt, seien in manche Fehler und Irrthümer gefallen. Einige dieser vorgeblichen Verirrungen im Glauben werden stark bestritten, einige sind erdichtet. Werden aber einige derselben zugegeben; so haben sie geirrt als Privatpersonen, auch wo es sich handelte um Thatsachen oder um persönliche Gesinnungen, nie aber, wenn sie eine feierliche Erklärung über Glaubens- und Sittenlehren abgegeben und sich damit an die gesammte Kirche gewendet haben. Haben aber nicht einige Päpste ein anstößiges Leben geführt? Wohl, aber nur ganz wenige, sie haben aber am Glauben der Kirche nichts geändert, sie verschwinden wie einige Tropfen in einem großen Wasserbehälter, gegen die ungeheure Menge großer und heiliger Männer, die auf dem päpstlichen Stuhl gesessen haben. Daß die Päpste als Menschen fehlen können, hat Niemand geläugnet, alle haben ihren Beichtvater, selbst wenn sie ein durchaus heiliges Leben führten, sind sie gleich anderen Heiligen erst nach dem Tode heilig gesprochen worden. Die wenigen Päpste, welche durch ihr Leben der Kirche zum Anstoß gereichten, kennt man in Rom ebenso gut, als in Deutschland, man macht aus ihren Fehlern kein Geheimniß, sondern verdammt sie nach den Grundsätzen des Glaubens, wie unter andern das Leben der Päpste von Sandini beweisen kann. Die meisten dieser Päpste wurden durch eine unfreie Wahl der Kirche aufgezwungen. Dennoch hat sich auch bei ihnen das Wort des Herrn bestätigt: Die Pforten der Hölle werden die Kirche nicht überwältigen.

Aber die Päpste werden durch den Glauben an ihre Un= fehlbarkeit hoffärtig, aufgeblasen, tyrannisch gegen Bischöfe und Priester. Sicher und unzweifelhaft wäre das der Fall, wenn sie so aufgeblasen und dünkelhaft wären, wie der Ver= fasser des gifttriefenden Janus, wie manche Universitäts= professoren, welche die Unfehlbarkeit, die sie am Papste bestreiten, bei jedem Satze sich beilegen, ungeachtet ihnen keine Verheißung gegeben ist. Die Päpste wissen zu gut, daß dieser ihrem Amte eigene Vorzug nicht ihrer Person gilt, sondern zum Nutzen der ganzen Kirche gegeben wird, wie keinem wahren katholischen Priester einfällt, hoffärtig zu sein wegen der Consecration in der heiligen Messe oder der Gewalt, Sünden zu vergeben im Beichtstuhl oder einem Gläubigen wegen der heiligen Communion. Was den Gebrauch ihrer Gewalt an= langt; so denken gewiß alle Oberhäupter der Kirche an die strenge Verantwortung, die sie dem Hirten der Kirche am Ge= richtstage werden abzulegen haben. Das macht sie demüthig. Thäten gewisse nur vom lieben Ich eingenommene Universitäts= professoren dasselbe, sie würden gewiß nicht so giftig, nicht so un= kirchlich schreiben, nicht bei jedem Satze und Abschnitt mit ihren frühern kirchlichen Schriften in Widerspruch gerathen, wie das ehemals bei Tertullian, im sechzehnten Jahrhunderte bei den Re= formatoren geschehen ist. Tödtlicher, giftiger Haß gegen das Oberhaupt der Kirche hat nie seinem Urheber Segen gebracht, ihn hunderte Male in die verderblichsten Irrthümer gestürzt.

Wäre der Papst unfehlbar, so bedürfte es keiner allge= meinen Concilien, meint Janus, wozu die Bischöfe aus weiter Ferne kommen lassen, da der Papst ebenso sicher entscheiden könnte? Ist auch der Papst unfehlbar, so hat er doch die Pflicht, bei ganz wichtigen Entscheidungen auch alle andere menschliche Hilfe anzuwenden, folglich den Rath der Bischöfe zu hören, wenn die Zeitumstände eine solche Zusammenkunft möglich machen. Jeder Bischof wird um so freudiger alle Be= schlüsse eines Concils ausführen, je mehr er Zeuge gewesen, mit

7*

welchem Fleiße jeder einzelne Theil eines Beschlusses von allen
Seiten ist beleuchtet und berathen worden. Auch auf das christliche
Volk macht ein allgemeines Concil einen viel tieferen Eindruck,
seine Beschlüsse werden mit größerer Bereitwilligkeit aufge=
nommen. Sind Enscheidungen des Papstes nicht immer be=
reitwillig aufgenommen und befolgt worden; so beweist das
nichts gegen die Unfehlbarkeit des Papstes, so wenig man
gegen die Unfehlbarkeit der Kirche einen Schluß daraus ziehen
kann, daß die Abtrünnigen sich den Beschlüssen allgemeiner
Kirchenversammlungen nicht unterworfen haben.

Wie aber, wenn bei einem allgemeinen Concile, etwa
dem vaticanischen, sämmtliche Bischöfe auf der einen, der Papst
aber ganz allein auf der andern Seite stünde, wem hätte
man da zu folgen? Ein solcher Fall ist seit Gründung der
Kirche nie eingetroffen, wird auch nie eintreffen, denn er steht
im Widerspruche mit den Verheißungen Christi. Ebenso gut
könnte man fragen: Was wird geschehen, wenn der Papst und
sämmtliche Bischöfe, die sterblich sind und an demselben Tage und
zu derselben Stunde sterben könnten, eines Tages auf dem ganzen
katholischen Erdkreis zu derselben Stunde stürben, woher sollten
wir Bischöfe und Priester nehmen? Der letzte Fall tritt
nach Gottes Vorsehung nie ein, ebenso wenig der erste. Die
Päpste waren in allen allgemein berufenen allgemeinen Con=
cilien die Leiter und Führer derselben durch sich oder durch
Gesandte. Haben sich Concilien vom Oberhaupte der Kirche
getrennt; so sind sie verkehrte Wege gegangen und haben, wie
das Concil von Basel, nie kirchliche Geltung erlangt.

Unter der Unfehlbarkeit des Papstes geht die freie Wissen=
schaft zu Grund. Ebenso wenig, antworte ich, als durch die
Unfehlbarkeit der Kirche, die sich nur über die geoffenbarten
Glaubens= und Sittenlehren und was mit ihr in enger Verbindung
steht, erstreckt, alle andere Wissenschaften aber frei läßt. Meint
aber Janus seine eigene Theologie, seine vorgefaßten Meinungen;
so wird man diese auch ohne die als Glaubenslehre aufgestellte
Unfehlbarkeit des Papstes nicht dulden, da Janus nur einen
Papst will, welcher in der Kirche ebenso viel, als jeder Bischof

zu sagen hätte, also den Vorrang des Papstes vernichtet, das Haupt der Kirche den übrigen Gliedern zu Füßen legt.

Wird das allgemeine Concil diese Unfehlbarkeit des Papstes als Glaubenssatz aussprechen? Diese Frage zu beantworten überlassen wir in aller Ruhe und mit zuversichtlichem Vertrauen, daß der heilige Geist das Richtige zeigen werde, dem allgemeinen Concile selbst, welches wie kein zweites unter den allgemeinen aus Bischöfen der ganzen Welt zusammengesetzt ist. Thut das Concil diesen Ausspruch, so lehrt es nur, was von den ältesten Zeiten und in allen Ländern der Christenheit ist gelehrt worden. Wie viele bereits entschiedene Glaubenslehren haben die vielen Väterstellen und kirchliche Entscheidungen nicht aufzuweisen, welche für die päpstliche Unfehlbarkeit sich geltend machen lassen. Daß eine solche Lehre nicht als Glaubenslehre aufgestellt werden könne, ohne eine Revolution in der Lehre der Kirche herbeizuführen, ist grundfalsche, dem Lager der Abtrünnigen entnommene Behauptung, nach welcher die Kirche vom Concile zu Nicäa bis zu dem von Trient nie eine alte Glaubenslehre als Glaubenssatz hätte festsetzen können, ohne Neuerung im Glauben. Wann hat die Kirche solche Entscheidungen getroffen? Wenn eine uralte, stets vorhandene Lehre angegriffen wurde. Je mehr also dermalen giftige Schriften, wie Janus und schlechte Artikel, wie jene der allgemeinen Augsburger erscheinen und die Lehre der Kirche entstellt wird, desto mehr hat die Kirche das Recht und die Pflicht, zur Feststellung als Glaubenslehre zu schreiten, da ein Oberhaupt, welches keine feste und gültige Entscheidung zu geben vermag, die gesammte Kirche nicht schützen kann. Wird diese Entscheidung erlassen, so ist sie ein Ausspruch Christi und des heiligen Geistes gleich den Entscheidungen von Nicäa, Ephesus, Chalcedon und Trient. Will Jemand heute weiser sein als die ganze Kirche, so hat Christus bereits vor mehr als achtzehn Jahrhunderten sein Urtheil über ihn gesprochen. Darum möge der Heiland durch seine unendliche Barmherzigkeit geben, daß Alle, die ihr persönliches Urtheil höher stellen, als das der gesammten Kirche, die im großartigsten

allgemeinen Concile aller Jahrhunderte nur eine Versammlung
von Parteigängern erblicken, zur rechten Stunde den Abgrund
erkennen, in den sie sich stürzen, das Aergerniß erwägen,
welches sie heraufbeschwören, den Untergang bedenken, den sie
sich und anderen schwachen Seelen bereiten!

Soviel von der verschrieenen Unfehlbarkeit des Papstes.
Sie macht den Papst als Mensch und Privatperson nicht fehlerfrei, sie sagt nur, daß wo der Papst feierlich für die ganze
Kirche über Glaubens- oder Sittenlehre entscheidet; diese Entscheidung keinen Irrthum enthalten kann. Dieses ist dreifach
begründet in der heiligen Schrift, ist begründet in der Lehre
der Väter, der allgemeinen Concilien, diesen Glauben begründen
die von der ganzen Kirche angenommenen Entscheidungen der
Päpste und die vom Glauben erleuchtete Vernunft. Nie ist
von Rom ein Irrthum ausgegangen, noch weit weniger befohlen worden, denn Christus hat für Petrus und seine Nachfolger gebetet, daß ihr Glaube nicht gebreche und daß sie ihre
Brüder stärken bis zum Ende der Zeiten. Amen.

VIII.

Du bist Petrus und auf diesen Felsen will ich meine Kirche bauen und die Pforten der Hölle werden sie nicht überwältigen. Matth. 16,18.

Wir kommen endlich zur letzten unserer Concilienpredigten. Was werde ich euch zum Schlusse meiner langen Abhandlung noch sagen? Ich werde euch noch das Wichtigste und Noth= wendigste mittheilen über die wahrhaft großartige Versammlung von Bischöfen aus der ganzen Welt, die seit beinahe zwei Monaten unter Vorsitz und Oberleitung des heiligen Vaters in Rom tagt und unter Benennung des allgemeinen ersten Vaticanischen Concils, wie jenes von Trient, von Florenz, von Chalcedon und Nicäa seine Verhandlungen und Beschlüsse auf künftige Geschlechter vererben soll. Folgt mir im Geiste nach der Hauptstadt der Christenheit, eilen wir zuerst zu St. Peters mächtigem Dome, treten wir über den großartigen Petersplatz hinschreitend, ein in seine mächtigen Hallen, herrlich geschmückt, wie kein zweiter Tempel der Welt! Vor uns liegt von vielen Lichtern beleuchtet das Grab des Apostelfürsten Petrus, hinter demselben steht der große päpstliche Altar aus rothem Porphyr, über uns erhebt sich die weltberühmte Kuppel, so groß wie eine nicht unbeträchtliche Kirche in Rom, in der= selben steht mit Buchstaben von sechs Fuß Größe der Aus= spruch des Herrn: Du bist Petrus und auf diesen Felsen will ich meine Kirche bauen und die Pforten der Hölle sollen sie nicht überwältigen. Rechts und links vom Grabe des ersten Oberhauptes der Kirche breiten sich die beiden Kreuzarme des majestätischen Tempels aus, groß, wie zwei mächtige Kirchen. Im linken Kreuzarme, der verbaut ist, tagen die Väter des Concils, auf welches die Guten mit großen Erwartungen, die

Gottlosen mit blinder, wirklicher oder eingebildeter Furcht hin=
blicken. Wird über keine Stadt der Welt so viel gelogen, von
keiner so verkehrt geurtheilt, als von Rom, dem Mittelpunkt
katholischer Einheit; so wäre es ein in den Annalen des neun=
zehnten Jahrhunderts zu verzeichnendes großartiges Wunder,
wenn das Concil, wenn Rom mit dem Concile, nicht von
der heidnisch=ungläubigen, von der freimaurerischen, von der
jüdischen, von der schlechten katholischen Presse mit Gift und
Geifer hundertfach überschüttet würde. Das Concil hätte nicht
die rechte Taufe, es wäre nicht recht katholisch, wenn es nicht
verfolgt, wenn es nicht gelästert, wenn ihm nicht aller Unrath
der Gottlosen, wie dem Heilande im Vorhofe des Caiphas
ins Angesicht geschleudert würde. Diese Taufe hat das Concil
bereits vollgültig empfangen, und empfängt sie noch jeden
Tag. Das berechtigt uns aber zu den schönsten Hoffnungen
über die heilsamen Früchte des Concils. Wäre es der Kirche
nicht nützlich, die Schlechten würden es nicht lästern. Wie
aus dem Leiden Christi seine glorreiche Auferstehung und Ver=
herrlichung hervorging; so geht die Kirche aus jedem großen
Leiden gereinigt, neu belebt, mit neuer Kraft für das Heil
ihrer Schafe hervor. Was werde ich euch vom Concile sagen?
Wir wollen einen Blick auf das Concil werfen und uns dann die
Gegner des Concils näher ins Auge fassen. Wir wollen einen
Blick auf das Concil werfen im ersten Theile; uns die Gegner
des Concils betrachten im zweiten Theile.

Erster Theil.

Werfen wir einen Blick auf das Concil; so nimmt vor
Allem die ehrwürdige Versammlung von 700 Bischöfen aus
allen Völkern und Zungen und Sprachen unsere ganze Auf=
merksamkeit in Anspruch. Betrachten wir die Bischöfe nach
ihrer Zahl; so kommt bloß das zweite Lateranensische höher
bis zur Zahl von tausend, das zahlreichste in älterer Zeit war
das vierte allgemeine zu Chalcedon mit 630 Bischöfen, alle
andere zählten eine geringere Anzahl von Nachfolgern der
Apostel. Blicken wir auf die Länder, aus denen sie auf den

erften Ruf des oberften Hirten der Kirche, nach Zurücklegung
einer mühfamen Reife von Hunderten und Taufenden von
Meilen zu Waffer und zu Land, nach der Hauptftadt der
Chriftenheit geeilt find; fo gehören fie wahrhaft allen Nationen
unter dem Himmel an, reden alle erdenkliche Sprachen, wohl
mehr als die Apoftel am Pfingftfefte, kommen aus allen fünf
Welttheilen, kommen aus China und Oftindien, von bifchöf=
lichen Sitzen, die durch das Blut ihrer als Martyrer geftor=
benen Vorgänger geheiligt find, fie kommen von den Mohren
aus Afrika, befonders viele aus Afien, eine große Menge aus
Nord= und Südamerika, einige fogar aus Auftralien. Aus
Spanien, Frankreich und Italien find alle Bifchöfe bis auf
ganz wenige dafelbft verfammelt. Anwefend find die Bifchöfe
von England, Irland, Schottland, der Schweiz, Holland,
Belgien, felbft aus der Türkei, endlich alle Bifchöfe unfers
deutfchen Vaterlandes, die nicht hohes Alter oder Kränklichkeit
zurückgehalten hat. Von den Zurückgebliebenen find feit Anfang
des Concils zwei fehr würdige Bifchöfe geftorben. Nur eine Na=
tion, die verfolgte polnifche, ift ohne ihre Schuld nicht vertreten.
Wenn alfo ein Concil durch feine Vertretung je allgemein, aus
der ganzen Welt berufen war, fo ift es das Vaticanifche.
Betrachten wir die Bifchöfe nach ihren Verdienften; fo
haben alte Zeiten fchwer eine Verfammlung aufzuweifen, die
ihr gleich kommt. Befonders ift unfer deutfches Vaterland
durch eine Menge der würdigften und unermüdlichften Hirten
vertreten. Wohl in keinem allgemeinen Concile war es fo
zahlreich und würdig vertreten, als im Vaticanifchen. Daffelbe
kann ich euch, da ich fie durch Zeitungen mehr kenne, befonders
von den Bifchöfen Englands, Nordamerika's, Frankreichs
fagen, würde es euch ficher von Allen fagen können, wenn
mir von dem Leben und Wirken der einzelnen Oberhirten nur
eine kurze Befchreibung zu Gebote ftünde. Blicken wir endlich
auf das Vaticanifche Concil und vergleichen es mit dem allge=
meinen von Trient, vergleichen den Stand der Kirche von heute
mit dem Stande der Kirche von damals, welchen Dank find
wir Gott fchuldig für die großartige Umwandlung! Vor drei=

hundert Jahren waren kaum drei Länder, Spanien, Portugal und Italien von der Neuerung jener Zeit unberührt geblieben, die anderen waren theilweise ganz abgefallen von der Kirche, theilweise kirchlich und politisch zerrissen. Allein die Kirche ist aus der Kirchenversammlung von Trient verjüngt und gereinigt hervorgegangen, hat ein sechs- bis siebenmal größeres Land als ganz Europa ist, in Amerika erobert, festen Fuß in Australien und Ostindien gefaßt, hat manche Länder in Deutschland, die ihr entrissen waren, wiedergewonnen, in England, Holland, Nordamerika mehren sich die Bekehrungen, die alten Bischofssitze sind wieder hergestellt und eine massenhafte Bekehrung der Verirrten ist vorbereitet. Freuet euch also Kinder der katholischen Kirche zu sein, eine Kirche, die so großartig wirkt, geht nicht zu Grund, eine Kirche, die solche Hirten erzeugt, die alle Sprachen redet, eine Kirche, die, wie unsere heilige Mutter, alle Völker zur großen Familie Gottes vereinigt, hat, abgesehen von den untrüglichen ihr zur Seite stehenden Verheißungen, nichts zu fürchten.

Aber warum denn ein Concil, warum ein allgemeines Concil? Es ist ein Concil kein Bedürfniß unserer Zeit, die Welt will es ja nicht haben. So schreien alle schlechten Blätter. Gehen wir einen Augenblick bis vor die Zeiten des Concils von Trient zurück und hören wir das Feldgeschrei derselben Partei, welche heute kein Concil will, in jenen unruhigen Zeiten! Damals war das Losungswort: Ein Concil, ein freies Concil, das heißt, ein protestantisches Concil, welches die Irrthümer der Zeit bestätigen sollte. Weil dieses Concil wegen ewigen Kriegen und sonstigen Schwierigkeiten nicht sogleich berufen werden konnte, werden die damaligen Päpste noch heute in jedem protestantischen Geschichtsbuche beschuldigt, es nicht gewollt zu haben. Als das Concil endlich kam, wollte man nichts davon wissen, erschien trotz wiederholten Einladungen nicht. Heute beruft nach reifer Ueberlegung und vielem Gebete der heilige Vater ein allgemeines Concil und die ganze ungläubige Welt läuft Sturm gegen das wehrlose Concil. Die Kirche, das Concil, das Oberhaupt der Kirche, werden wie Christus selbst, stets ein Zeichen sein, dem widersprochen wird. Uebrigens sind die wichtigsten Gründe zur Berufung eines allgemeinen Concils vorhanden. Hier nur einige. Die Untergrabung des kirchlichen Ansehens im sechzehnten Jahrhunderte hat sich seit der Zeit nicht bloß auf das kirchliche Gebiet beschränkt, der kirchlich entfesselte Geist der Unbändigkeit hat sich auch auf das politische Gebiet geworfen. Dieselbe frevelnde Hand, die im sechzehnten Jahrhunderte Kirchengut raubte, Altäre stürzte, legt ihre frevelnde Hand auch an Throne, ruft Umsturz auf Umsturz hervor, bedroht die menschliche Gesellschaft mit einer vollständigen Auflösung aller bürgerlichen Verhältnisse. Die Staaten sind fast allenthalben krank, vielleicht ebenso krank, wie die kranke Türkei, es fehlt ihnen die Seele, das Fundament, die wahre christliche Gesinnung, die Gerechtigkeit, der praktisch durchgeführte Ausspruch des Herrn: Gebet dem Kaiser, was des Kaisers ist, und Gott, was Gottes ist! An manchen Orten geberdet sich der Staat vollständig heidnisch. Minister, die oft nicht einmal katholisch oder so katholisch sind, daß nur das katholische Taufbuch, kein katholisches Lebenszeichen, Zeugniß von ihrem katholischen Glauben geben kann, reißen die Rechte der Bischöfe an sich, wollen auf unkatholische Weise die Kirche regieren. Die Ehegesetzgebung wird in den meisten Staaten eine förmlich heidnische, die Ehe ist den Staaten ein bürgerlicher Vertrag, der weder für die aus der Ehe hervor= gehende Familie, noch für deren christliche Erziehung eine sichere Grundlage bietet. Dazu kömmt, daß die ganze heutige Richtung der Zeit darauf hinausläuft, die Schule der Kirche zu entziehen und sie glaubenslosen Menschen in die Hände zu spielen, welche die kindlichen Herzen der Religion entfremden, sie durch Laster verpesten und das Christenthum in der Wurzel ersticken. Auch manche Lockerungen der Gebote Gottes, vom sechsten will ich nicht reden, z. B. des siebenten, haben in der letzten Zeit stattgefunden, die weiter ausgebreitet, alles Eigen= thum unsicher machen und eine nothwendige Grundlage der menschlichen Gesellschaft untergraben müßten. Solche Lockerungen kann die Kirche nicht dulden, ohne ihre warnende Stimme zu erheben. Die freie Forschung des sechzehnten Jahrhunderts hat nicht bloß bei unseren getrennten Brüdern alle auch die wichtigsten Glaubenslehren, selbst den Glauben an die Gottheit Christi, untergraben; sondern auch eine Menge gefährlicher, alle geoffenbarte Religion untergrabende Sätze in und außer der Kirche hervorgerufen, denen das Verdammungsurtheil der ganzen Kirche entgegengesetzt werden muß, damit der Krebs nicht weiter frißt. Bei dieser Verdammung legt die Kirche keine neue Offenbarung zu Grund, sie erklärt nur, daß diese Sätze verderblich sind und gegen eine oder mehrere Glaubenswahrheiten, überhaupt gegen die christliche Offenbarung verstoßen. Während in England, Nordamerika die Kirche ihre freie Entwickelung hat; ist sie an manchen Orten ganz geknechtet, was man ihr heute feierlich verspricht, hebt man morgen ganz willkürlich und einseitig auf, macht sie und ihre Diener ganz schutz- und rechtslos, so daß die katholische Kirche in der Türkei freier steht, als in manchem katholischen Staate, in dem ihre Freiheit feierlich durch Grundgesetze des Staates garantirt ist. Thut die Kirchenversammlung Unrecht, wenn sie die der Kirche nothwendige und garantirte Freiheit, die man Juden, Heiden, allen Secten bewilligt, für die Kirche in Anspruch nimmt, dem Staate gibt, was ihm gehört, aber Rechte verlangt, ohne die der Bestand der Kirche nicht möglich ist? Wird das Oberhaupt der Kirche fort und fort mit Koth beworfen, sein Ansehen herabgewürdigt, der Primat nur dem Namen nach gelassen; so kann und muß die Kirchenversammlung das Ansehen des Oberhauptes der Kirche gegen die maßlosen Anmaßungen der schlechten Presse schützen. Ob dazu die Feststellung der päpstlichen Unfehlbarkeit als Glaubenssatz nothwendig ist, wird das Concil vom heiligen Geiste geleitet, herausfinden. Wie anders als heilsam kann es sein, wenn das Concil sein Urtheil über die Beraubung der Kirche, besonders über den Raub des Kirchenstaates abgibt? Sehet da, wenn kein weiterer Stoff mehr gefunden werden sollte, einen überreichen Stoff zur ernsten Berathung für das Concil. Es muß dem gänzlichen Umsturz aller bürgerlichen Verhältnisse durch Belebung des religiösen Sinnes der Menschen entgegen arbeiten, denn faßt die Gottlosigkeit im Volke wie in gewissen anderen Kreisen Wurzel, so wird sie nicht bloß Altäre, sondern auch die Throne stürzen. Es muß die christliche Ehe und Schule schützen, ein neues Verhältniß der Kirche zum heidnischen Staate feststellen, den Auswüchsen des Nationalismus, wo er die Offenbarung verletzt, einen festen Damm entgegenstellen, für die Freiheit der Kirche und das Ansehen des Oberhauptes der Kirche die nöthigen Beschlüsse fassen. Von der schlechten Presse, von den geheimen Gesellschaften und anderen namhaften Uebeln der heutigen Welt will ich gar nicht reden, es wird aber gewiß der Welt nicht schaden, wenn die Kirchenversammlung sich ernstlich damit beschäftigt, wie diesen und ähnlichen Uebeln abzuhelfen sei.

Aber womit beschäftigen sich die Bischöfe so lange Zeit in Rom? Wie werden die Verhandlungen auf dem Concil geführt? Darüber belehrt uns der in schlechten Blättern so hochgepriesene Janus, der bereits mehrere wohlverdiente und gründliche Abfertigungen erlebt hat. Nach ihm hat der Papst durch einen Priester der Gesellschaft Jesu, Schrader mit Namen, in Hannover geboren, bereits alle Decrete und Beschlüsse feststellen, niederschreiben lassen, die Bischöfe setzen wie sie ankommen nur ihren Namen darunter und reisen dann wieder Hunderte und Tausende von Stunden in ihre Heimath zurück. Einer unsinnigeren Behauptung als dieser bin ich nicht leicht begegnet, unbegreiflicher ist sie mir noch, weil sie leider von einem Geistlichen herrühren soll, der in dem Studium der Geschichte grau geworden ist und weiß, daß man auf der geringsten Provinzialversammlung nicht so leichtsinnig verfährt, viel weniger auf einem allgemeinen Concil. In der Wahrheit verhält es sich mit der Beschäftigung der Bischöfe und den Verhandlungen in folgender Weise. Sobald der heilige Vater den Entschluß, ein allgemeines Concil zu berufen, gefaßt hatte; wurden auch die Vorbereitungen zu den Arbeiten des Concils sofort in Angriff genommen. Es wurden für diese Vorarbeiten zuerst alle namhafte Gelehrte von Rom, deren Zahl sehr groß ist, in Anspruch genommen. Es wurden dann eine große Anzahl auswärtiger Gelehrten aus Deutschland,

Frankreich, Spanien, Ungarn, Italien, dem Oriente berufen, um möglichst genau die Bedürfnisse der ganzen Kirche kennen zu lernen, besonders waren die Deutschen durch eine große Zahl berühmter Namen vertreten. Aus diesen römischen und einheimischen Gelehrten bildete man fünf namhafte Abthei= lungen, Commissionen genannt, eine für das Verhältniß der Kirche zum Staate, eine für die Kirchen und Missionen des Morgenlandes, eine für die Klostergeistlichen, eine andere für die Entscheidungen über Glaubens= und Sittenlehren, endlich . die letzte für die in die Kirchenzucht einschlagenden Gegenstände. Monate lang hat man sich den anstrengendsten Arbeiten in diesen Commissionen unterzogen, um festzustellen, welche Vor= lagen nach den fünf Richtungen hin zu machen sein möchten. Diese Vorverhandlungen sind in so vielen Exemplaren gedruckt worden, als Väter für das Concil angekommen sind. Man hat dann auf dem Concile aus den Bischöfen vier Commissionen gewählt, die erste für Glaubens= und Sittenlehre, die zweite für Kirchenzucht, die dritte für die Klostergeistlichen, die vierte für die morgenländische Kirche. Diesen Congregationen wurden die oben erwähnten Vorarbeiten übergeben. Sie werden da theils in den besonderen Congregationen, theils in Versamm= lungen sämmtlicher Bischöfe so lange weiter berathen, bis sie nach Inhalt und Form die Zustimmung der überwiegend größten Mehrheit der Bischöfe erlangt haben, ganz in der= selben Weise, wie es bei den Berathungen von Trient ge= schehen ist. Die so erfolgten Beschlüsse werden uns seiner Zeit kund gegeben werden, bis jetzt sind noch keine erfolgt. Ihr sehet aus diesem, daß die Bischöfe, welche theils in be= sonderen, theils in allgemeinen Berathungen von 9 oder 10 Uhr morgens bis 3 Uhr Nachmittags beschäftigt sind, ein sehr mühevolles Leben führen. Ihr könnt euch denken, daß so viele gelehrte, im Dienste des Herrn grau gewordene Männer, die zum Theile Jahre lang die heiligen Wissenschaften mit Aus= zeichnung gelehrt haben, die Berathung gründlich nehmen werden. Ihr könnet aus den Vorarbeiten zum Concile und aus dem Gange der Verhandlungen selbst sehen, daß von einer unge=

rechten Einmischung in die Verhandlungen von Seiten des
päpstlichen Stuhles keine Rede sein kann. Die Bischöfe werden
allerdings, da sie katholisch sind, katholische Beschlüsse fassen,
und nicht erst in München und bei der allgemeinen Augsburger
anfragen, was sie beschließen sollen, sie deßhalb für unfrei
erklären ist ebenso anmaßend als gottlos. Was siebenhundert
fünfzig durch Weihe, Würde und so hohe Gelehrsamkeit ausgezeich=
nete Männer beschließen, verdient vom rein menschlichen Stand=
punkte aus alle Beachtung und Verehrung. Es wird aber, das
ist die Hauptsache, das darf kein Katholik vergessen, den Vätern
im Vatican, Pius IX., der unsichtbare Beistand Christi, die
Leitung des heiligen Geistes so wenig fehlen, als den Vätern
von Nicäa, Ephesus, Chalcedon, Lyon, Florenz und Trient.

Welche Früchte wird das Concil bringen? Jedenfalls
sehr wichtige und heilsame, wie es bei allen allgemeinen Con=
cilien zu jeder Zeit geschehen ist. Manche Irrthümer und
falsche Grundsätze unserer Zeit werden da ihr Verdammungs=
urtheil finden, für die christliche Ehe und Erziehung der Jugend
wird das Concil die nöthigen Anordnungen treffen und heil=
same Beschlüsse fassen, die Freiheit der Kirche in Verwaltung
ihrer inneren Angelegenheiten fordern, die Eingriffe der welt=
lichen Regierungen in rein kirchliche Dinge zurückweisen. Auch
kann die Kirche unmöglich dulden, daß das Oberhaupt der
Kirche ohne Unterlaß geschmäht, gelästert, seine Macht in der
Kirche so geschmälert werde, daß es kaum mehr, als ein katho=
lischer Bischof in der Kirche zu sagen hätte. Findet das Concil
es für nöthig, auch die päpstliche, richtig erklärte Unfehlbarkeit,
wohl zu unterscheiden von dem Hirngespinnst unruhiger Köpfe und
schlechter Zeitungen, als Glaubenssatz aufzustellen, so wird es der
Kirche heilsam sein, selbst wenn bei dem entstehenden Sturme, gelbe
Blätter und dürre Aeste, Leute, die jedenfalls länger in keiner le=
bendigen Verbindung mit dem Haupte der Kirche und der Kirche
selbst gestanden haben, vom Leibe der Kirche losgerissen würden.
Wird die Wiedervereinigung so vieler irrenden Brüder mit
der Kirche, welche von dem heiligen Vater so sehr gewünscht
wird, nicht oder nicht in dem Maße erreicht, wie sie zu wünschen

wäre; so wird sie vielleicht auf eine sehr heilsame Weise vor=
bereitet. Für Kirchenzucht des christlichen Volkes und der
Geistlichen, für klösterliche Genossenschaften sind die Beschlüsse
allgemeiner Concilien stets sehr heilsam gewesen. Vielleicht
wird auf dem Concile auch für manche sociale Frage, die so=
genannte Arbeiterfrage, eine heilsame Bestimmung getroffen,
wie die Kirche in früheren zum Heile der Menschheit ohne Un=
gerechtigkeit zur Beseitigung der Sclaverei das meiste beige=
tragen hat. Wird aber die Welt die vom Concile gebotene
Arznei willig annehmen und zu ihrem Heile gebrauchen? Alle
Guten sicher, sie werden die heilsamsten Früchte daraus ziehen.
Nicht so bei den Kranken und von den Uebeln der Zeit An=
gesteckten. Da wird die dargereichte Medicin viel Widerspruch
finden, vielleicht einen langen Kampf hervorrufen, jenen
Kämpfen ähnlich, die nach jedem allgemeinen Concile bei den
Irrenden und Hoffärtigen entstanden, die ihr Privaturtheil
dem Urtheile der Kirche nicht unterwerfen wollten und die
Einrichtungen der Kirche für verderblich hielten. Wie lange
dieser Kampf auch währen mag, wie heftig er sein wird, das
Recht der Kirche, ihre Entscheidungen im vaticanischen Concile
werden neben den nicänischen, tridentinischen und jenen all=
gemeinen Concilien fortbestehen, wenn die Irrthümer unserer
Zeit und ihre Vertheidiger Jahrhunderte lang werden zu Grabe
getragen sein. Wir wollen uns noch schließlich in aller Kürze die
Gegner des Concils betrachten, die sich fortwährend ein Geschäft
daraus machen, dasselbe auf alle mögliche Weise zu verdächtigen.

Zweiter Theil.

In der ersten Reihe an der Spitze der Gegner des Concils
finden wir leider einen hochgestellten deutschen Priester, der
früher ganz andere Grundsätze verfochten, eine ganz andere
Sprache geführt, ganz andere katholische Werke geliefert hat.
Seine Angriffe sollen hauptsächlich der päpstlichen Unfehl=
barkeit gelten, berühren die wahre Unfehlbarkeit aber nicht,
weil nicht einmal der richtige Begriff davon festgestellt, sondern
ein wahres Zerrbild davon entworfen ist. Seine in der all=

gemeinen Augsburger veröffentlichten Artikel führen ganz die
weltbekannte Sprache eines gelehrten Professors aus dem sech=
zehnten Jahrhundert. Ein kleines Schriftchen über denselben
Gegenstand von demselben Gelehrten, an die siebenhundert Bi=
schöfe in Rom gerichtet, strotzt von kühnen Behauptungen, liefert
aber keinen einzigen gründlichen Beweis, hat nur Kraft, wenn die
dem Papste bestrittene Unfehlbarkeit den nicht bewiesenen Be=
hauptungen dieses Büchleins beigelegt wird. Das Büchlein hat
von einem Schüler des Gelehrten Abschnitt für Abschnitt aus
den katholischen Schriften des Mannes die gründlichste Wider=
legung gefunden. Was soll ich sagen von einem größern Buche, wie
vielfach vermuthet wird, aus derselben Quelle? Es trieft von Haß
gegen den apostolischen Stuhl, gibt dem Haupte der Kirche gnädig
noch so viel Macht, als jedem der siebenhundert versammelten
Bischöfe, es leugnet und vernichtet die päpstliche Würde selbst.
Mit Recht wurde es verboten. Was nützt es der Kirche, wenn
man das Ansehen ihres Oberhauptes schwächt? Was hat
Gallicanismus, Jansenismus, Febronianismus der Kirche ge=
bracht, als Knechtschaft, jene Knechtschaft, welche die ganze Re=
gierung der Kirche an die Staatsbehörde ausgeliefert hat oder aus=
zuliefern trachtet? Endlich ist es nagelneu und unerhört anmaßend,
daß ein katholischer Priester sich über siebenhundert Bischöfe erhebt,
von der Leitung der Kirche durch den heiligen Geist, von der
Unfehlbarkeit allgemeiner Concilien nichts wissen will. Armer
katholischer Priester, der eine so wichtige Lehre vergißt, im
hohen Alter, wenn die Stunde der Rechenschaft vor dem ewigen
Richter nahet, in das Lager der Feinde seiner Kirche übergeht!
Möge Gott ihn erleuchten und in den Schafstall Petri zurück=
führen, der vom Schafstalle Christi nicht getrennt werden kann!

In die Reihe der Gegner des Concils stellen sich vielleicht
der größte Theil unserer getrennten Brüder. Weßhalb diese
Gereiztheit gegen das katholische Concil? Weßhalb diese maß=
losen Schmähungen gegen Papst und alles Katholische in allen
protestantischen Zeitungen und Versammlungen? Weil der
Papst sie in liebevollster Weise zur Theilnahme am Concil
und zur Rückkehr in die Kirche eingeladen hat. Was liegt

darin Böses? Wollen wir unsere getrennten Brüder berauben,
sie ausplündern, aus ihren Wohnsitzen vertreiben, weil wir sie
zur Rückkehr in die katholische Kirche einladen? Wir wollen
ihnen nicht das geringste Leid anthun, wollen ihnen unser
höchstes Gut, das uns für Zeit und Ewigkeit beglückt, mit=
theilen, sie nicht mit Gewalt zur Annahme zwängen, sondern
ihnen auf dem Wege der Ueberzeugung dazu verhelfen, denn
nur diese Bekehrungen haben Werth. Wir laden namentlich
unsere protestantischen Brüder zur Rückkehr in unsere Kirche
ein, weil längst der Glaube an alle christlichen Lehren, auch an
die Gottheit Christi, bei ihnen verschwunden ist und nur zwischen
einem neuen rationalistischen Heidenthum und der Rückkehr
zur Kirche zu wählen übrig bleibt. Auch vor dreihundert
Jahren und länger sind solche Einladungen doch vergeblich
ergangen. Vielleicht ergehen sie heute zum letzten Male. O
daß ihr doch erkenntet, ruft Christus, durch seinen Statthalter,
der ungläubigen Welt zu, was euch zum Heile ist, aber viel=
leicht bei Vielen ist es verborgen, weil sie den Tag ihrer Heim=
suchung nicht erkennen. Ob nun Gott die ungläubige Welt mit
schweren Strafen zum Glauben zurückführen wird oder sie dem
kalten Unglauben überläßt, was noch eine größere Strafe wäre,
wer mag es vorher bestimmen? Jedenfalls wird die Einladung
zur Rückkehr in die Mutterkirche weder in der morgenländischen
Kirche, noch im Abendlande ganz spurlos verhallen, besonders
wird sie in England Beachtung finden, auch in einem Theile
der Türkei gehört werden. Vielleicht bereitet sie eine spätere
Rückkehr vor, jedenfalls liefert sie den Beweis, daß wir unsere
getrennten Brüder mit Liebe behandeln, ihnen alle Gnaden und
himmlischen Segnungen wünschen. Wie also kann man eine so
wohlmeinende Einladung mit so maßlosen Schmähungen über=
häufen? Sie verdiente die Anerkennung unserer getrennten Brüder.

Unter den Gegnern des Concils finden sich leider viele
Staatsmänner, die durch Untergrabung der christlichen Ehe,
durch Vernichtung der christlichen Schule auch bei dem unteren
Volke, durch maßlose Knechtung der Kirche, wie sie die Ver=
folger heidnischer Zeit nicht gekannt haben, die christliche Kirche
vernichten und einem neuen Heidenthume aufhelfen wollen.

Daß solchen Lenkern der Staatsmaschine die Beschlüsse des
Concils nicht passend kommen, sondern Widerstand finden
werden, läßt sich mit Sicherheit voraussehen. Kann aber die
Kirche deßhalb zugeben, daß die christliche Ehe, die christliche
Erziehung der Jugend untergraben werde, oder daß die geist=
liche Gewalt der Bischöfe an Leute übergehe, die nicht dem
geistlichen Stande angehören, die keine Religion haben, die
nicht einmal katholisch sind? Das kann die Kirche nicht, ohne
sich selbst aufzugeben, sie muß die unchristlichen Grundsätze
verdammen, auf der christlichen Ehe, der christlichen Erziehung,
der Freiheit der Kirche bestehen, selbst auf die Gefahr hin mit
dem Staate in Streit zu gerathen. Es wird dann sich über
kurz oder lang eine neue Ordnung herausbilden, die Kirche
wird wie in England und Nordamerika frei ihre, der
entchristlichte Staat aber seine Wege wandeln. Würde aber
der Staat die gottlosen Grundsätze der heutigen Zeit mit Gewalt
durchführen, christliche Ehe und Erziehung untergraben; so
werden nicht bloß die Altäre, sondern auch die Throne stürzen,
der ehemals christliche Staat wird in den Lastern eines neuen
Heidenthums zu Grunde gehen, wird, wenn das Christenthum
vernichtet ist, die Hälfte der ungläubigen Menschheit zu Polizei=
dienern machen können und doch nicht ausreichen, um die an=
dere Hälfte im Gehorsam zu erhalten. Beten wir, daß die
Aussprüche des Concils wieder bessere Ansichten bei höheren
Staatsbeamten erzeugen!

Gegner des Concils sind alle schlechten, glaubenslosen,
freimaurerischen, jüdischen, neu heidnischen Wühlerblätter, denen
jedes Mittel recht ist, wo es gilt katholische Einrichtungen zu
begeifern, mit Koth zu bewerfen, alle, auch die schwärzesten
und niederträchtigsten Lügen zu verbreiten. Das muß uns
nicht wundern, so war es von Anfang, so wird es bis zum
Ende der Zeiten bleiben. Leset solche Blätter nicht, höret ihr
eine solche Lüge, so fraget Leute, die im Stande sind,
euch Aufschluß zu ertheilen! Verläßt der oben erwähnte
Priester das feierlich versammelte Lehramt der Kirche und
tritt mit völlig unkirchlichen Aeußerungen in einem solchen
Schmutzblatte auf, so ist das sehr betrübend, doch hat die

Kirche es seit 1800 Jahren öfters erlebt, es wird auch diese Be=
trübniß vorübergehen, die Schmähartikel werden bald vergessen
sein, die Beschlüsse der Kirche werden unerschüttert fortbestehen.

Hier wollen wir unsere lange Belehrung über Kirche,
Concilien und theilweise über das Oberhaupt der Kirche
schließen. Was soll die Frucht dieser Unterweisungen sein?
Daß wir festhalten am Felsen der Kirche, am Mittelpunkt
der Einheit, an den Aussprüchen der gesammten lehrenden
Kirche, die in Rom versammelt ist, und daß keine Macht auf
Erden uns von unserer heiligen Mutter scheide. Rufen wollen
wir allzeit mit dem unsterblichen Fenelon: „O römische Kirche!
o heilige Stadt, o gemeinsames, wahres Vaterland aller wahren
Christen! Denn in Christus ist weder Scythe, noch Barbar,
noch Jude, noch Heide, alles ist einziges Volk geworden in
deinem Schooße, alle sind Mitbürger Roms und jeder Katholik
ist römisch. Das ist der große Stamm, gepflanzt von Christi
Hand. Jeder davon abgebrochene Zweig welkt; dorrt, fällt ab.
O Mutter! Wer Gottes Kind ist, ist auch dein Kind.“ ...
Aber „erzittern wir,“ so ermahnt der Oberhirt weiter, „geliebte
Brüder, erzittern wir, daß Gottes Reich, welches wir miß=
brauchen, uns etwa genommen und anderen Völkern gegeben
werde, die desselben Früchte bringen. Zittern und demüthigen
wir uns, damit nicht Christus uns den Leuchter des wahren
Glaubens entrückt und uns der Finsterniß preisgebe, die unser
Stolz verdient hat. O römische Kirche, woher Petrus für
immer seine Brüder stärken wird, möge meine rechte Hand
sich selbst vergessen, wenn ich je dein vergesse; möge meine
Zunge verdorrt an meinem Gaumen kleben, wenn nicht du
bis zum letzten Hauche der Gegenstand meiner Freude und
meines Jubels bist.“ So der unsterbliche Fenelon. Das
seien auch unsere Gesinnungen, in diesen wollen wir leben,
in diesen freudig bis zum letzten Hauche verharren; denn die
Liebe zur Kirche verhilft zu reichen Verdiensten im Leben, zu
einem seligen Tode, führt auf dem sichersten Wege zur seligen
Gemeinschaft aller Engel und Auserwählten Gottes. Amen.

A. M. D. G.